오늘도 버틴 나를 배달합니다

오늘도 버틴 나를 배달합니다

화려하지 않아도 충분히 나답게 사는 법

초 판 1쇄 2025년 12월 03일

지은이 장인옥
펴낸이 류종렬

펴낸곳 미다스북스
본부장 임종익
편집장 이다경, 김가영
디자인 윤가희, 임인영
책임진행 김요섭, 이예나, 안채원, 김은진, 국소리

등록 2001년 3월 21일 제2001-000040호
주소 서울시 마포구 양화로 133 서교타워 711호
전화 02) 322-7802~3
팩스 02) 6007-1845
블로그 http://blog.naver.com/midasbooks
전자주소 midasbooks@hanmail.net
페이스북 https://www.facebook.com/midasbooks425
인스타그램 https://www.instagram.com/midasbooks

ⓒ 장인옥, 미다스북스 2025, *Printed in Korea*.

ISBN 979-11-7355-607-4 03810

값 18,500원

※ 파본은 구입하신 서점에서 교환해드립니다.
※ 이 책에 실린 모든 콘텐츠는 미다스북스가 저작권자와의 계약에 따라 발행한 것이므로
  인용하시거나 참고하실 경우 반드시 본사의 허락을 받으셔야 합니다.

미다스북스는 다음세대에게 필요한 지혜와 교양을 생각합니다.

오늘도 버틴 나를 배달합니다

화려하지 않아도
충분히
나답게 사는 법

장인옥 지음

미다스북스

들어가는 글

"화려하지 않아도 충분한, 나답게 살아가는 법"

삶은 언제나 질풍노도처럼 흘러간다. 버텨야 하는 순간이 이어지고, 예측할 수 없는 파도가 밀려온다. 어떤 인생이 더 낫다고 단정할 수는 없지만, 방향만큼은 스스로 정해야 한다. 화려함만 좇을 필요도 없다. 돋보기로 햇빛을 모으듯, 자신에게 집중하면 된다. 삶은 호락호락하지 않지만, 그렇다고 감당하지 못할 것도 아니다. 우리는 지금까지 충분히 잘 살아왔고, 앞으로도 그렇게 살아낼 것이다. 화려한 날이 지나가고 평범한 하루가 찾아와도 괜찮다. 그 속에서도 우리만의 소중한 보물을 발견할 수 있다.

일상은 화려한 순간보다 평범한 날이 훨씬 많다. 그 속에는 소소한 기쁨과 작은 성취, 자기만의 리듬이 숨어 있다. 그것만으로도 삶은 충분히 괜찮다. 누구와 같을 필요도, 비교할 이유도 없다. 자기 방식대로 살아가면 된다. 버텨온 순간에 스스로에게 보내는 "괜찮아."라는 한마디만큼 위로가 되는 말도 없다. 힘들수록 바깥을 향하던 시선을 안으로 돌릴 때, 삶은 더욱 깊어지고 여유로워진다.

몸과 마음은 의지와 상관없이 롤러코스터를 타듯 오르내린다. 얼굴이 화끈거리고 감정이 요동치며, 관계는 관절처럼 삐걱거린다. 익숙한 방식이 통하지 않으면 당황스럽고, 이게 맞는지 의심도 든다. 삶이 지치고 힘들 때, 나다움을 점검하고 관계를 돌아본다. 비움을 실천하며 일상을 돌아보고, 마음에 신선한 바람을 불어 넣어 활력을 되찾는 것, 그것이 회복의 시작이다. 화려하지 않아도, 흔들려도, 지금 이 순간의 나답다는 느낌이 삶을 지탱한다.

갑작스럽게 직장을 그만두었을 때, 뜻밖의 여유가 찾아오자 불안이 스며들었다. 이래도 괜찮을까. 20대부터 40대까지 쉼 없이 달려온 터라, 멈춤이 낯설고 어지러웠다. 그러나 시간이 지나면서 여유에도 서서히 익숙해졌다. 화려하지 않아도 충분하다는 것을 깨달았다. 지금 있는 자리에서 최선을 다하면 충분했다. "지금껏 많이 고생했잖아." 이 한마디가 나를 안아주었고, 삶은 조금씩 단단해졌다. 경제적 어려움은 있었지만, 직장에 팔아버린 시간을 되찾았다는 사실만으로도 만족스러웠다.

  남편은 택배 일을 한다. 코로나 시절, 쉴 틈 없이 일하다 대상포진에 걸렸지만, 일을 멈출 수는 없었다. 다행히 나는 시간이 있었고, 함께 돕기로 했다. 처음에는 잠깐일 줄 알았지만, 몸을 움직이는 일에는 묘한 매력이 있었다. 건강에도 좋고, 머리도 맑아졌다. 계절을 온몸으로 느끼는 경험은 새로웠다. 어떤 날은 깃털처럼 가볍고, 어떤 날은 온몸이 무겁게 가라앉았다. 그 속에서 조금씩 단단해졌다.

  몸으로 일하며, 삶의 현장에서 배운다. 힘든 시기는 내면을 단단하게 만들고, 서로의 다름을 인정하는 것이 지혜임을 깨닫게 한다. 내면이 단단하면 쉽게 쓰러지지 않는다. 오뚝이처럼 다시 일어설 수 있다. 삶의 다름을 인정하면 이해와 배려가 생긴다. 일상에서 늘 긍정적일 수는 없지만, 가능한 한 긍정적으로 나아가려 한다. 삶이 화려하지 않아도 흔들려도 괜찮다. 지금 이대로도 충분하다. 자신을 사랑하고 인정하며, 당당하게 나아가면 된다. 버텨온 시간 덕분에 단단해졌고, 앞으로도 충분히 버틸 수 있다. 이런 마음의 태도야말로 스스로를 밝히는 작은 촛불이다. 내면이 환해지면, 당신도 자연스럽게 빛난다.

차 례

들어가는 글 **005**

1장
빛나야만 했던 나, 나다움을 찾다

1. 왜 빛나야만 했을까? **015**
2. 우리만의 속도로 부부가 된다 **022**
3. 버틴다는 것의 무게 **029**
4. 화려하지 않아 더 단단하다 **036**
5. 어설픈 마음이 빛나는 순간 **042**
6. 쉼으로 마음을 채우다 **048**
7. 나이 듦, 나다워지는 시간 **056**
8. 완벽하지 않아도 충분한 하루 **064**

2장

관계에도 조명이 필요하다

1. 인연에도 때가 있다   075
2. 관계에 빛을 더하다   080
3. 놓을 용기, 지킬 용기   086
4. 다름을 인정하며 살아가기   091
5. 함께 있어도 보이지 않을 때   096
6. 내 안의 그림자도 사랑하기   103
7. 마음이 흐르려면 간격이 필요하다   110

3장

불필요한 것을 덜어내며 산다

1. 버리지 않으면 지배당한다   119
2. 소유보다 경험을 추구하라   126
3. 과거의 짐 내려놓기   133
4. 디지털을 덜수록 가까워지는 것   142
5. 불필요한 의무에서 벗어나기   149
6. 마음의 먼지를 털다   156
7. 덜어낼수록 가벼워지는 하루   163
8. 비워서 채우는 삶   167

4장

오늘도 배달하며 인생을 배운다

1. 몸으로 배우는 인생   175
2. 짜증도 사랑이었다   182
3. 커피 한잔의 위로   190
4. 계단을 오르며 다스린 마음   196
5. 피곤함 속에서도 나를 지키는 법   202
6. 감정의 근육을 다지다   208

5장

읽고 쓰며 하루를 살아내다

1. 책장을 넘기며 하루를 버틴다   217
2. 마음의 페이지를 채우다   225
3. 문장에 기대어 버틴다   234
4. 완벽하지 않아도 글은 이어진다   239
5. 책과 글로 다시 일어나다   245
6. 화려해도 괜찮아   248

나가는 글   252

1장

빛나야만 했던 나, 나다움을 찾다

세상이 기대하는 모습대로 사는 것보다

자기답게 존재하는 것이 얼마나 어려운 일인지 안다.

너무 조급해하지 말자. 완벽하려고 애쓰지 말자.

때로는 멍하니 앉아 커피 한잔을 마시는 시간이,

인생의 방향을 다잡아주는 소중한 순간이다.

1.

왜 빛나야만 했을까?

> "가장 중요한 것은 나의 내부에서 빛이 꺼지지 않도록 노력하는 일이다. 안에 빛이 있으면 스스로 밖이 빛나는 법이다."
>
> **- 알베르트 슈바이처**

내면의 빛으로 버틴다

왜 빛나야만 할까. 빛나지 않으면 어둠에 갇히기 때문이다. 삶이 힘들고 앞이 보이지 않을 때, 버티기 위해서는 내면의 빛을 밝혀야 한다. 스스로를 비춰줄 작은 불빛이 필요하다. 캄캄한 밤을 견딜 수 있는 이유는, 언젠가 아침이 올 것이라는 희망 때문이다. 빛은 곧 희망이다. 아주 작은 불빛 하나만 있어도 어둠 속에서 길을 찾을 수 있다. 그 빛은 내면의 힘이다. 외적인 성공이나 타인의 시선이 아니라, 자기답게 살아가려는 의지다. 아무리 어두운 순간이라도, 단 하나의 불빛만 있다면 우리는 버틸 수 있다.

돌이켜보면, 30대는 인생에서 가장 어두운 시기였다. 내면이 어둠에 잠기지 않으려 애써 빛나야 했다. 어디로 가야 할지, 어디에 있어야 할지도 몰랐다. 앞이 보이지 않았다. 억지로 웃고, 억지로 살아냈다. 하루를 버티는 동안 조금씩 자신을 잃어갔다. 그럼에도 마음 깊은 곳 어딘가에는 꺼지지 않는 불씨가 남아 있었다. "이 또한 지나가리라." 그 믿음은, 어딘가에 빛이 있으리라는 희망이었다.

하루를 버티듯 살던 어느 날이었다. 퇴근 후 집으로 향하던 길, 횡단보도 앞에서 우연히 오랜 친구를 만났다. 반갑게 인사를 나누던 순간, 친구의 손에는 남편 회사 직원에게 줄 선물이 담긴 쇼핑백이 들려 있었다. 그 여유로운 모습이 내 삶과 대비되며 마음이 순간, 쿵 내려앉았다. '아, 내 삶이 이렇게 팍팍했구나.' 요즘 말로, 현타가 온 순간이었다. 며칠 뒤, 친구와 함께 어묵탕을 먹으며 이런저런 이야기를 나눴다. 무슨 말을 했는지는 기억나지 않지만, 마음속에서 이런 생각이 스쳤다. '나는 지금 힘든 시간을 지나고 있구나.' 그때 처음으로 내 안의 어둠이 선명하게 느껴졌다. 나중에 친구는 말했다. 그날의 내가 무척 지쳐보았다고. 초췌한 얼굴과 기운 없는 표정이, 내면의 어둠을 그대로 비추고 있었다. 그 순간, 나는 삶의 가장 길고 깊은 터널을 지나고 있었다.

스스로 빛을 세운다

어둠을 밝히기 위해서는 먼저 자신을 단단하게 세워야 한다. 무너진 자존감을 다시 일으키고, 남과 비교하지 않으며 자신을 응원해야 한다. 타인의 시선이 아닌, 자기 삶의 중심을 잃지 않으려는 노력이 필요하다. 고되고 더디더라도 그 과정 자체가 자신을 일으켜 세우는 힘이 된다. 누군가의 인정보다 중요한 것은 내면의 목소리다. 우리는 종종 타인의 기대나 사회적 기준에 맞추느라 자신을 잊는다. 그러나 내면의 빛은 누구도 대신 밝혀줄 수 없다. 삶을 책임지고 스스로를 밝히는 일은 오직 자신만이 할 수 있다. 내면이 단단한 사람은 주변의 평가에 쉽게 흔들리지 않는다. 다이아몬드가 외부의 충격에도 부서지지 않듯, 단단한 마음은 어떤 시련 앞에서도 쉽게 무너지지 않는다. 중요한 것은 타인의 시선이 아니라, 자신을 어떻게 바라보느냐이다.

빛을 다시 밝힌다

힘든 시기, 나는 책에서 길을 찾았다. 책은 거울이자 등불이었다. 타인의 이야기를 통해 위로받고, 그들의 문장에서 스스로를 치유했다. 책 속의 한 문장은 내면의 빛을 되살리는 마중물이 되었다. 빛나는 삶은 특별한 사람만의 것이 아니다. 누구나 빛날 자격이 있다. 타인의 인정이 아니라, 자기답게 살기 위해 비교의 틀에서 벗어나야 한다. 자기만의 색으로 삶을 채울 때, 어둠 속에서도 스스로를 비출 수 있다. 마음속 작은 촛불 하나면 충분하다. 중요한 것은 그 불씨를 믿고 지켜내는 일이다. 빛이 흐릿해질 때마다 다시 불을 붙이고, 흔들리는 자신을 다독이며 나아가는 것, 그것이 진짜 빛나는 삶이다. 내면의 등불을 켜고 한 걸음씩 나아가는 마음, 그 마음이 언젠가 누군가에게 작은 위로가 되길 바란다.

수월하게 이루어지는 일은 없다. 물방울이 모여 돌을 뚫듯, 꾸준한 노력과 끈기가 길을 만든다. 잘 안될 때도 많지만, 그럴 때마다 자신에게 속삭이자. '잘해왔고, 잘하고 있고, 앞으로도 잘할 수 있다.' 이 응원은 타인을 위한 말이 아니라 자신에게 건네는 격려다. 있는 그대로의 나를 인정하고 응원하는 마음은, 누군가의 칭찬보다 더 단단한 힘이 된다.

내면이 단단하고 아름다운 사람은 자연스러운 존중을 받는다. 다이아몬드처럼 매끈하지 않아도, 영롱함을 지닌 마음 자체로 충분히 아름답다. 누구도 흉내 낼 수 없는 것은 바로 그 사람의 내면의 빛이다. 순하고 인간미 넘치는 사람에게서 느껴지는 깊은 내공은 오랜 시간 마음을 갈고닦은 사람만이 가질 수 있는 빛이다.

추위 속에서도 빛을 느낀다

어느 날, 책을 읽다가 '人人人人'을 만났다. 처음에는 단순히 네 명의 사람을 뜻하는 줄 알았다. 그런데 알고 보니 '사람이면 다 사람이냐, 사람이어야 사람이지'라는 의미였다. 순간 유레카를 외칠 뻔했다. 참으로 기막힌 뜻풀이였다. 그 한자는 인격을 갖춘 사람, 즉 내면이 빛나는 사람을 의미했다. 달리 표현하면 '人愛人人'(인애인인), 사람이 사랑하면 사람이 사람답다는 뜻이다.

요즘은 화려함이 더 큰 주목을 받지만, 외면의 빛은 오래가지 않는다. 반면 내면을 단단히 다지는 사람은 은은하고 오래가는 빛을 지닌다. 그리고 그 빛은 스스로 다듬는 시간에서 비롯된다. 타인을 변화시킬 수 없듯, 타인도 나를 바꿀 수 없다. 다만 서로를 통해 배우고 성장할 뿐이다. 공자는 "세 사람이 길을 가면 그중 반드시 나의 스승이 있다"고 말했다. 누군가의 선함에서 배우고, 성숙하지 못한 모습에서 자신을 다듬는다. 내면을 빛나게 하는 길은 책을 통해서도, 사람을 통해서도 열린다.

어두운 터널 속에서 빛은 더욱 선명해진다. 내면의 빛 또한 힘든 시기일수록 더욱 또렷하게 드러난다. 어려운 시절에는 몸과 마음이 함께 춥다. 2000년대 초반, 막 육아를 시작하던 때였다. 겨울이면 난방비를 아끼느라 거실은 냉골이었다. 외투를 입은 채 하루를 보내는 것이 일상이었고, 아침이면 싸늘한 공기가 집 안 가득했다. 아이를 챙기기 위해 일어나면 가장 먼저 느껴지는 것은 추위였다. 겨울은 실내에서도 외투를 벗지 못한 계절이었다. 절약은 나쁜 일이 아니지만, 선택이 아닌 강요된 절약은 마음까지 얼어붙게 했다. 세상으로부터 소외된 느낌, 마음의 결핍과 경제적 결핍은 늘 함께 왔다. 어느 쪽이 먼저였는지는 알 수 없지만, 그해 겨울의 추위는 두 결핍이 겹쳐 더욱 차가웠다.

오롯이 나로 빛난다

왜 빛나야만 할까. 누구와의 약속도 아니고, 사회의 기대도 아니다. 어쩌면 스스로 만든 기준에 자신을 맞추느라 억지로 버텼을지도 모른다. 그럼에도 우리가 빛나야만 하는 이유는 단 하나, 내 인생이기 때문이다. 진짜 나로 살고 싶기 때문이다. 자신을 알아간다는 건 결국 자신을 이해하는 일이다. 나는 어떤 사람인지, 무엇을 좋아하는지, 언제 웃고 언제 마음이 편한지, 무엇이 내게 가치 있는지를 천천히 묻는 시간이다. 타인을 향하던 시선을 거두고, 비교와 평가를 내려놓을 때 비로소 나에게 집중할 수 있다. 그렇게 조금씩 나다워지고, 자연스럽게 빛이 난다.

2.

우리만의 속도로
부부가 된다

"행복한 가정은 어느 집이나 똑같은 모습이다. 그러나 불행한 가정은 그 이유가 모두 다르다."

- 레프 톨스토이

서로의 자리에서 부부가 된다

가정이 편안하려면 어떻게 해야 할까. 논어 「안연편」에서 공자는 이렇게 말했다. "임금은 임금답고, 신하는 신하다우며, 아버지는 아버지답고, 아들은 아들다워야 한다." 가정도 사회와 같다. 가족 구성원이 각자의 자리에서 제 몫을 다할 때 비로소 조화와 안정이 찾아온다. 행복도 불행도 결국 가정에서 비롯된다. 가정은 혼자 꾸릴 수 없다. 부부라는 관계는 두 사람의 과거와 상처, 습관과 기대가 함께 얽혀 있다. 살아온 배경과 말투, 사고방식이 일상 속에서 드러나며 때로는 충돌을 만들기도 한다.

 가정에서 역할은 반드시 5:5일 필요는 없다. 시간이 있는 사람이 조금 더 움직이고, 마음의 여유가 있는 사람이 조금 더 들어주면 된다. 어떤 날은 6:4가 되고, 어떤 날은 8:2가 되어도 괜찮다. 사랑으로 맺어진 인연이기에 가능한 일이다. 일터에는 업무 표가 있지만, 가정에는 없다. 그래서 부부는 때로 지치고, 서로를 원망하기도 한다. 겉으로는 집안일이나 경제 문제로 다투지만, 진짜 이유는 존중과 사랑의 결핍에 있다. 소통의 방식이 어긋나거나 과거의 상처가 반복해서 건드려질 때, 사소한 말 한마디가 싸움으로 번지기도 한다.

부부는 건드리지 말아야 할 부분이 있다

『사기열전』에는 이런 구절이 있다. "용의 비늘을 건드리지 말라. 용이라는 벌레는 잘 길들여 가지고 놀 수도 있고 그 등에 탈 수도 있으나, 그 목덜미 아래 거꾸로 난 한 자 길이의 비늘을 건드린 사람은 죽는다." 부부도 서로 건드려서는 안 되는 비늘이 있다. 처음에는 알 수 없지만, 함께 살아가며 점점 알게 된다. 부부는 사랑으로 만나지만, 사랑만으로 살아내기는 어렵다. 사랑은 도파민이라는 호르몬이 만들어내는 감정이다. 문제는 도파민의 유효기간이 짧다는 점이다. 보통 3개월이면 줄어들고, 그 이후에는 책임감과 의리, 추억이 사랑의 자리를 대신한다.

나는 아내로 잘살고 있을까? 처음에는 의심하지 않았다. 다소 여성적인 성향 덕분에 한 사람의 짝이 되는 것이 자연스럽다고 믿었다. 괜찮은 아내가 될 수 있으리라 생각했다. 시간이 흐를수록 이런 질문이 따라온다. 괜찮다는 건 누구의 기준일까? 나의 기준이 남편에게도 통할까? 진정한 괜찮은 아내란 사회의 평가가 아니라, 남편의 마음에서 나오는 말일지도 모른다. 그렇다면 남편이 '우리 아내 참 괜찮다'고 느끼는 순간은 언제일까. 밥 잘 챙겨주고, 잠자리를 편하게 해주고, 칭찬해 주고, 혼자 있고 싶을 때 건드리지 않는 것, 그 정도면 충분할까. 문득 이런 생각이 든다. 그럼, 엄마 아냐? 남편은 가끔 농담 반, 진담 반으로 나를 엄마라고 부른다. 그 말엔 진짜 질색이다. 남편이 큰아들처럼 느껴질 때도 있고, 진짜 아들처럼 보일 때도 있다. 남편은 다루면 된다고 하지만, 그게 말처럼 쉽지 않다. 연애할 때는 듬직한 산 같던 사람이, 결혼 후에는 돌봐야 할 아들처럼 느껴지기도 한다. 가끔은 이렇게 생각한다. 그래도 단순하긴 하다. 단순해서 상대하기 편한 면도 있다. 그 단순함이 때로는 귀엽게, 때로는 답답하게 다가온다. 하지만 결국, 그 단순함 덕분에 다시 웃게 된다.

부부를 단단하게 하는 3가지 기둥

1. 신뢰 - 보이지 않지만 가장 중요한 기둥

부부 사이의 신뢰는 공기와 같다. 있을 때는 잘 모르지만, 사라지면 숨이 막힌다. 좋았다가 싫어졌다가 다시 괜찮아지기도 한다. 신뢰는 같은 집에 산다고 저절로 생기지 않는다. 매일 조금씩 확인하고 쌓아야 한다. 눈에 보이지 않아도, 신뢰는 서로를 지탱하는 가장 든든한 기둥이다.

2. 대화 - 말투 하나가 온도를 바꾼다

부정적인 말 한마디가 마음에 긴 그림자를 드리운다. 대화할 때는 공감이 먼저, 충고는 나중이다. 말하면서 몸을 상대에게 향하면 그것만으로도 긍정적인 신호가 된다. 응, 그랬구나. 같은 가벼운 추임새 하나가 큰 힘이 된다. 무엇보다 목소리 톤이 중요하다. 높은 톤보다 낮고 차분한 말투가 마음의 문을 연다.

3. 같은 편 – 옳고 그름보다 먼저 챙겨야 할 것

부부는 한 팀이어야 한다. 난 언제나 당신 편이야. 그 마음이 전해지는 것이 중요하다. 충고보다 들어주는 것이 먼저이고, 문제 해결보다 편들어주는 일이 우선이다. 같은 편이 되어주면 사소한 싸움은 시작조차 되지 않는다. 누군가 나의 편이라는 확신, 그것만으로도 부부는 단단해진다.

같은 날, 같은 예식장에서 부부가 되지만, 어른이 되는 속도는 서로 다르다. 누군가는 여전히 철없는 아이 같고, 누군가는 조금 먼저 어른이 된다. 어떤 날은 내가 먼저 지치고, 어떤 날은 내가 더 참아준다. 왜 나만 이렇게 힘들지? 하다가도 문득, 당신도 힘들겠구나 하고 생각한다. 부부는 같은 방향을 향하지만, 같은 속도로 걷지는 않는다. 엇박자가 날 때는 잠시 기다리고 손을 내밀어주는 마음이 부부를 단단하게 만든다.

결혼 초에는 모든 것이 서툴다. 감정이 앞서고, 피곤한 날에는 자기 입장만 내세우기도 한다. 말이 날카로워질 때도 있다. 그래도 그런 순간을 함께 지나고 나면, 우리 버텨냈구나 하는 마음이 남는다. 살다 보면 남편이라면 이래야지, 아내라면 저렇게 해야지 하다가 문득 깨닫는다. 그냥 우리답게 살아가자. 남과 비교하지 않고, 남의 기준에 흔들리지 않고, 우리가 만들어가는 방식대로 살아가자.

때로는 말보다 침묵이, 특별한 이벤트보다 평범한 저녁 식사가 더 큰 위로가 된다. 식탁에 마주 앉아 나누는 소소한 대화 속에서 우리는 조금씩 부부가 되어간다. 서로에게 맞춰주고 기다려주며 함께 걷는 것, 그것으로 충분하다. 완벽하지 않아도 괜찮다. 화려하지 않아도 괜찮다. 서로를 믿고 위하며 나아가는 것만으로도, 부부의 속도는 맞춰진다. 천천히 가도 괜찮다.

부부, 조화 속에서 함께 걷다

행복은 조화로운 삶에서 비롯된다. 그렇다면 조화란 무엇일까? 봄날, 다양한 꽃이 각자의 색과 향기로 어우러질 때 우리는 조화롭다고 느낀다. 합창을 들을 때, 서로 다른 음색이 하나의 울림으로 어우러질 때도 그렇다. 한여름의 무더위 속에서 불어오는 시원한 바람 역시 조화의 선물이다. 자연은 서로 다른 요소들이 균형을 이루며 순환한다.

『스콧 니어링 자서전』에는 이렇게 적혀 있다. "생계를 위한 시간, 지적 활동을 위한 시간, 좋은 사람과 어울리는 시간, 세 가지가 조화를 이루어야 진정한 삶이 된다." 명리학에서도 음양오행이 균형을 이뤄야 인생이 순탄하다고 본다. 조화로운 부부란 서로의 다름을 받아들이고 존중하는 관계다. 같은 생각을 하지 않더라도, 서로를 이해하려는 마음에서 조화가 싹튼다. 공동의 목표를 향해 같은 방향을 바라볼 때, 부부는 함께 걷는 동반자가 된다. 소소한 일상 속에서 함께 웃고, 사소한 갈등 속에서도 대화하며 마음은 가까워진다. 서로에게 기대기도 하고, 각자의 자리를 지켜주는 균형 속에서 사랑은 자란다. 조화는 완벽하게 맞아떨어지는 상태가 아니다. 다름을 인정하며 그 속에서 어울림을 찾아가는 과정이다.

부부는 완성형이 아니라 함께 만들어가는 진행형이다. 닮지 않아도, 같은 속도로 걷지 않아도 괜찮다. 서로를 기다려주고, 맞춰주며, 때로는 비켜줄 수 있을 때 부부가 되어간다. 빠르지 않아도, 특별하지 않아도 괜찮다. 부부만의 속도로 천천히, 단단하게 오늘을 살아간다.

3.

버틴다는 것의 무게

"세상에서 가장 어려운 일은 세상을 바꾸는 것이 아니라 당신 자신을 바꾸는 것이다." — 넬슨 만델라

기쁨도 있었지만, 결국은 버텼다

결혼생활에서 떠오르는 단어는 '버팀'이다. 곱씹을수록 마음이 오래 머무는 말이다. 버틴다는 것은 어려움이나 압박을 참고 견디는 일이다. 돌이켜보면 기쁜 순간도 분명 있었다. 아이의 첫걸음, 함께한 소소한 일상, 부부만의 추억이 그것이다. 그럼에도 버팀이라는 단어가 먼저 떠오르는 이유는 분명하다. 그만큼 쉽지 않았기 때문이다. 말하지 못한 감정을 꾹 눌러 담았던 시간의 흔적이 그 속에 묻어 있다. 삶은 여전히, 버티는 현재 진행형이다.

예로부터 '산 넘어 산'이라는 말이 있다. 하나의 고개를 넘으면 또 다른 고개가 기다린다는 뜻이다. 결혼생활도 그렇다. 갈등을 넘고, 육아를 넘고, 경제적 부담을 넘는다. 잠시 평온한가 싶으면 또다시 새로운 고개가 앞을 가로막는다. 그럼에도 우리는 쉼 없이 걸음을 멈추지 않는다. 조용히, 묵묵히 각자의 자리에서 버틴다.

문득 생각한다. 혹시 다른 길을 몰라서 그저 버티기만 한 건 아닐까. 감정을 말로 꺼내기 어렵고, 문제를 피하는 방법밖에 없어 그저 시간만 흘려보낸 건 아닐까. 누구에게나 막막한 순간이 있다. 그럴 때는 그저 조용히 버틴다. 시간이 흘러가기를 바라며 하루하루를 견딘다. 뒤돌아보면 후회도 남지만, 그것 또한 나름의 방식이었다. 인생에 정답이 없듯, 결혼생활에도 정해진 길은 없다.

하루를 견뎌낸다

시간은 흐르고 아이는 자란다. 힘겨운 날 속에서도 놓지 않았던 마음이 아이의 성장 속에 고스란히 녹아 있음을 느낀다. 그럴 때면 버텨온 시간이 결코 헛되지 않았다는 걸 실감한다. 그 시간들이 의미를 가지며, 스스로를 다독이게 된다.

가끔 누군가 묻는다. 힘든 시기로 돌아간다면, 같은 선택을 하겠는가. 쉬운 질문이 아니다. 그땐 조금 더 현명할 수도, 자신을 더 아껴줄 수도 있었을 텐데 하는 아쉬움이 남기 때문이다. 그래도 힘든 시간들을 지나왔기에 지금이 있다. 후회보다는 감사와 긍정이 앞선다.

우리는 종종 결과에만 집중하지만, 존재하고 있다는 사실만으로도 충분히 대단하다. 무너지지 않고 살아냈다는 사실 자체가 박수를 받을 일이다. 눈부신 성취가 없어도, 조용히 하루를 견뎌냈다면 그것만으로도 멋지다. 버틴다는 건 결코 약한 일이 아니다. 모든 것을 내려놓고 싶었던 순간에도 끝까지 붙잡았던 용기, 그것이 바로 버팀이다. 조용하지만 분명한 강함이다. 지금도 하루를 버티고 있는 누군가에게 전하고 싶다. 당신은 충분히 잘하고 있다. 꼭 빛나지 않아도 괜찮다. 당신이 지나온 시간은 결코 헛되지 않았고, 지금 이 순간의 당신은 이미 충분히 멋지다.

버티는 힘은 조용하지만 단단하다

버틴다는 건 포기하지 않고 지키기 위한 고독한 선택이다. 눈에 보이지 않지만 분명히 존재하는 작은 용기, 그 용기가 하루하루 쌓여 지금의 자신을 만든다. 버틴 시간이 쌓이면 마음은 단단해지고 깊어진다. 슬픔을 배워서 기쁨은 더 선명해지고, 상처는 예전보다 덜 두렵다. 혼자라는 감정에도 조금씩 흔들리지 않는다. 버틴다는 건 외로운 일이다. 누구도 대신해 줄 수 없고, 누구에게 쉽게 털어놓을 수도 없다. 겉으로는 멀쩡해 보여도, 속으로는 수없이 무너지고 다시 일어나기를 반복한다.

때로는 이번엔 정말 포기할지도 모르겠다는 생각이 든다. 그때, 아주 작은 무언가가 자신을 붙잡는다. 아이의 웃음소리, 누군가의 짧은 문자 한 통, 스스로에게 걸었던 약속 하나, 그런 사소한 것들이 버티는 힘이 되고 그 힘이 다시 희망이 된다. 버틴다는 건 결국 사랑에 대한 증명이다. 인생에 대한 사랑, 가족에 대한 사랑, 그리고 자기 자신에 대한 사랑이다. 쉽게 무너지지 않기 위해, 자신의 자리를 지키기 위해 애쓴 모든 노력은 사랑의 다른 이름이다. 사랑은 가장 값지고 아름다운 힘이다. 지나온 시간을 돌아보면 누구나 아쉬움이 생긴다. 그때는 왜 그렇게밖에 행동하지 못했을까. 왜 내 감정을 말하지 못했을까. 스스로를 원망하기도 한다. 이제는 생각을 바꿀 때다. 그래도 잘했어. 정말 열심히 살았어. 그렇게 자신을 인정해 주자.

  살다 보면 누구나 자기만의 버팀을 갖는다. 결혼이든, 가족이든, 일터이든, 이름은 달라도 각자의 자리에서 버틴다. 그 속에는 말하지 못했던 이야기, 눈물로 새긴 기억, 무수한 감정의 회오리가 있다. 지금 너무 지쳐 있다면, 모든 걸 내려놓고 싶은 마음이 든다면, 먼저 이렇게 말해 주고 싶다. 그 마음은 당연하다고. 버티는 일은 원래 그렇게 고된 일이라고, 가끔은 숨 쉬는 것조차 힘겨울 때가 있다고. 그럴 때는 애써 아무렇지 않은 척하지 않아도 된다. 누구에게나 그런 날은 있고, 당신도 그런 하루를 지나고 있을 뿐이다. 그럼에도 불구하고 당신은 충분히 멋지다. 누군가 알아주지 않아도, 스스로 말하지 않아도, 이미 당신은 충분히 잘하고 있다. 포기하지 않고 자리를 지키는 것만으로도 당신은 누군가의 희망이다. 우리는 그렇게, 서로의 버팀이 되어 살아가고 있다.

작은 배려에 힘을 얻는다

  일주일을 어떻게든 버티면 어김없이 일요일이 찾아온다. 때로는 그 하루만을 기다리며, 나머지 여섯 날을 견디기도 한다. 빨래를 하고, 아이를 챙기고, 출근하고, 밥을 짓다 보면 바쁜 일상 속에서 문득 자신을 잃는다. 그래서 일요일 아침만은 달라야 한다. 아무에게도 방해받지 않고, 자신의 호흡대로 천천히 하루를 시작할 수 있는 날이기 때문이다. 어쩌면 가장 자기답게 숨 쉴 수 있는 순간이 바로 이때일지도 모른다. 창밖으로 희미한 빛이 스며들고, 시계를 보니 9시를 가리킨다. 집안은 고요하다. 부엌으로 걸음을 옮겨 식탁에 앉는다. 아직 정신은 덜 깬 채다.

그때 남편이 부엌으로 들어온다. 예쁜 잔에 받침대까지 받쳐가며 진지하게 커피를 탄다. "받침대까지? 뭘 이렇게까지 해." 웃으며 말했지만, 속으로는 대접받는 기분이 들어 나쁘지 않다. 지쳐 보였던 걸까. 별것 아닌 일상의 다정함이 마음을 풀어준다. 이 정도면, 꽤 잘 살고 있는 건지도 모르겠다. 부부로 산다는 건 거대한 도전의 연속이다. 서로 다른 환경에서 자란 두 사람이 한 집에서 살아간다는 건 결코 쉽지 않다. 맞춰야 할 것도, 양보해야 할 것도 끝이 없다. 그러다 보면 지치고, 무뎌지고, 때로는 무관심해지기도 한다. 그럼에도 우리를 이어주는 건 거창한 로맨스가 아니다. 따뜻한 커피 한잔, 소소한 배려, 진심이 담긴 말 한마디. 그런 것들이 한 주를 살아가게 만드는 힘이 된다. 일상은 결국, 지친 두 사람이 서로의 마음을 조금씩 덜어주며 이어가는 것이다.

그 자체로 충분히 멋지다

이제는 삶을 조금 다르게 바라본다. 버려야 한다는 말에도 더는 지치지 않는다. 이미 충분히 버텼고, 살아냈으며, 그 안에서 괜찮은 사람이라는 걸 알게 되었다. 버티는 삶도 충분히 멋지다는 걸 안다. 삶의 무게를 견디며 살아가는 당신이라면, 그 자체로 이미 멋지다. 오늘도 하루를 끝까지 살아낸 당신이라면, 그 자체로 대단하다. 남의 눈에는 평범한 하루일지라도, 하루를 온전히 버텨낸 것은 결코 작은 일이 아니다. 누가 알아주지 않아도, 박수 쳐주지 않아도, 당신은 계속 앞으로 나아가고 있다. 그 사실만으로도 충분히 박수받을 만하다.

세상이 기대하는 모습대로 사는 것보다 자기답게 존재하는 것이 얼마나 어려운 일인지 안다. 그러니 너무 조급해하지 말자. 완벽하려고 애쓰지 말자. 때로는 멍하니 앉아 마시는 커피 한잔이 인생의 방향을 다시 잡아주는 소중한 순간이 되기도 한다. 혹시 오늘도 어김없이 버텨낸 하루를 마무리하고 있다면, 조용히 이렇게 말해주고 싶다. 당신은 정말 멋지게 잘 살고 있다.

4.

화려하지 않아 더 단단하다

"행복이란 밖에서 오는 행복도 있지만 자기 마음 안에서 향기처럼, 꽃향기처럼 피어나는 것이 진정한 행복입니다." **- 법정 스님**

마음을 지킨다

세상이 말하는 좋은 삶은 선명하게 반짝이며 힘차게 나아가는 모습이다. 확신에 찬 눈빛, 설레는 목표, 강한 의지가 있어야만 괜찮은 사람이라 여긴다. 하지만 삶이 늘 그렇진 않다. 오히려 대부분의 시간은 그 반대다. 특별한 열정도, 뚜렷한 계획도 없는 날이 많다. 아침에 눈을 떠도 가슴이 뛰지 않고, 하루를 보내도 성취감 없이 피곤에 잠드는 날이 많다. 더 열정적으로 살아야 하나. 왜 이렇게 느릴까. 세상의 속도는 빠른데, 내 마음은 평범하고 느리다.

하지만 이제는 이렇게 생각해 본다. 화려하지 않았기에 덜 다쳤고, 조용했기에 무너지지 않았으며, 수수했기에 다시 일어설 수 있었던 건 아닐까. 우리를 지탱한 건 불꽃 같은 열정이 아니라, 꺼지지 않는 작은 불씨였다. 겉으로 아무 일 없는 듯 보였던 날에도, 삶은 묵묵히 이어지고 있었다. 불타는 목표나 강한 의지만이 가치 있는 것은 아니다. 마음은 단순하지 않다. 물처럼 유연하고, 바람처럼 가볍고, 구름처럼 일정한 모양이 없다. 버티는 마음은 때로 아무것도 아닌 것처럼 느껴진다. 하지만 있는 그대로 바라보자. 힘든 순간마다 자신을 붙잡아준 건 언제나 그 '버티는 마음'이었다.

겉으로 드러나는 성취보다 중요한 건 마음의 상태다. 외부의 인정은 잠시지만, 마음의 결은 오래도록 자신을 지탱한다. 조용한 날이 있기에 무너지지 않는다. 화려함은 순간의 위로일 수 있지만, 오래도록 지켜주는 건 수수함이다. 아무 일 없는 날을 묵묵히 지내며, 우리는 여전히 삶을 이어간다. 자랑할 것 없는 하루, 특별할 것 없는 감정, 빛나지 않는 평상심이 바로 마음의 뿌리다. 화려함이 아닌 단단함으로, 소란함이 아닌 고요함으로 쌓아온 날들이 우리를 살게 한다.

스스로 자란다

대부분은 스포트라이트 아래의 화려함을 부러워한다. 무대 위 당당한 모습이 멋져 보인다. 하지만 화려한 조명은 때로 남이 입혀준 옷처럼 어색하고 불편하다. 나에게 꼭 맞는 옷은 따로 있다. 조용하고 차분한 마음, 침착하게 하루를 살아가는 태도, 묵묵히 책임지는 자세, 그런 것들이야말로 내게 꼭 맞는 옷처럼 편안하다. 두드러지지 않지만 자리를 지키고, 빛나지 않지만 쉽게 무너지지도 않는다. 큰소리를 내지 않아도, 눈에 띄는 성과가 없어도, 나름의 방식으로 하루를 살아낸다. 드라마틱한 순간이 없어도 삶은 계속되고, 그 속에서 우리는 조용히 자란다.

진짜 우리를 만드는 것은 스포트라이트가 꺼진 무대 뒤의 시간이다. 잘 다듬어진 화초보다, 우리는 들에 핀 들꽃에 가깝다. 정원사의 손길이 아닌, 바람과 빗속에서 자라난다. 들꽃은 특별한 관심을 받지 않아도, 흔들림 속에서 묵묵히 피어난다. 화려하지 않지만 강인하고, 작지만 단단하다. 뿌리가 깊어 쉽게 꺾이지 않는다. 우리도 그렇다. 어떤 날은 외롭고, 어떤 날은 불안하지만, 그렇게 버텨낸 날들이 모여 지금의 우리가 된다.

묵묵히 버틴다

누구에게나 자신만의 중심이 되는 태도가 있다. 어떤 사람은 타오르는 열정으로, 또 어떤 사람은 끊임없는 도전으로 자신을 증명한다. 나는 그 중심이 묵묵함에 있다고 생각한다. 말을 아끼고, 주어진 일에 성실히 임하며, 화려하지 않더라도 진심을 담아 꾸준히 나아가는 자세. 그것이 진짜 태도가 아닐까.

나답게 산다는 것은 무엇일까. 조용한 마음을 배신하지 않고 살아가는 일, 그것이 곧 나답게 사는 방식이라 믿는다. 들꽃은 어디서든 핀다. 환경을 가리지 않고, 칭찬을 바라지 않으며, 묵묵히 스스로 피어난다. 화려하지 않아도 강한 사람, 주목받지 않아도 흔들리지 않는 사람, 내면의 길을 따라 조용히 걸어가는 사람, 무엇보다 마음에 진실한 사람이면 좋겠다.

가끔 생각한다. 마음이 화려했다면 어땠을까. 눈에 띄게 슬퍼하고, 드라마처럼 분노하며, 모든 걸 말로 풀어냈다면 힘든 시간을 견딜 수 있었을까. 아마 쉽게 무너졌을 것이다. 큰 불꽃은 금세 꺼지기 때문이다. 지금까지 우리를 지켜온 것은 요란한 마음이 아니라, 작고 단단한 마음이었다.

소소함이 마음을 붙잡는다

때로는 밥을 챙겨 먹고, 세탁기를 돌리고, 커피를 마시는 소소한 일이 마음을 붙잡는다. 별것 아닌 일상이지만, 그런 순간들이 삶을 이어준다. 무엇보다 우리를 지켜준 건 "괜찮다"는 말 한마디였다. 누군가 나에게 강하다고 말한다면, 그저 크고 복잡한 마음을 눌러두고 그 자리에 소박한 마음을 채워왔을 뿐이라고 말하고 싶다. 하루를 살아가는 방법은 거창하지 않다. 이런 소소한 행복을 채우는 것이다.

흔들리지 않고, 무너지지 않기 위해 마음을 단순하게 만들 필요가 있다. 단순한 마음은 쓸데없이 상처받지 않고, 기대했다가 실망하지도 않는다. 작은 것에 감사하고, 소소한 기쁨에 웃는다. 우리를 끌고 가는 힘은 크고 빛나는 감정이 아니라, 화려하지 않은 마음이다. 조용히 버티는 마음, 그 소소함이 우리를 지탱한다. 지친 하루를 보내고 집으로 돌아가기만을 기다리던 저녁, 친구에게 전화가 온다. 오늘 저녁 같이 먹을래? 평범한 저녁 한 끼지만, 하루의 피로가 한순간 풀린다. 함께 있다는 것만으로도 평범한 순간이 충분한 힘이 된다.

평범함 속에서 힘을 찾다

세상은 이벤트와 특별한 날, 눈에 띄는 변화를 화려함이라 부른다. 우리는 그런 삶이 특별하다고 믿는다. 하지만 그 순간이 지나면 일상은 다시 평범해진다. 진짜 중요한 건 눈부신 이벤트 속에만 있지 않다. 하루하루의 평범한 시간 속에서도 우리는 위로와 힘을 얻는다. 화려하지 않아도 괜찮다. 깊은 마음에서 우러나오는 위로, 누군가의 작은 배려, 조용히 챙겨주는 정성이 우리를 버티게 한다. 어쩌면 우리가 진짜 바라는 것은 화려한 순간이 아니라, 언제나 곁에서 묵묵히 머물러주는 그런 마음일지도 모른다. 그 마음들이 모여 우리의 삶을 더 따뜻하고 단단하게 만든다.

5.

어설픈 마음이 빛나는 순간

"멀리 있는 사람을 사랑하기는 쉽습니다. 가까이 있는 사람을 사랑하기란 항상 쉬운 것만은 아닙니다."　　　　　　　　- 마더 테레사

잘하고 싶다는 진짜 의미

나는 질투라는 말을 쉽게 꺼내지 못한다. 그 단어를 입에 올리는 순간, 유치해 보이거나, 감정을 다스리지 못하는 사람처럼 느껴지기 때문이다. 누군가 자신보다 잘나 보일 때면 애써 아무렇지 않은 척한다. 괜찮은 척, 휘둘리지 않는 척. 하지만 속마음은 다르다. 사실은 나도 잘하고 싶었을 뿐이다. 누구처럼 대단하지 않아도, 지금의 자리에서 충분히 괜찮다는 말을 듣고 싶은 마음이다. 우리가 걸어온 길도 나름 치열했고, 혼자서 꽤 잘 버텨온 날도 많다. 그럼에도 가끔은 그 버팀이 보이지 않아 서운할 때가 있다. 잘하고 싶은 마음

은 경쟁이 아니다. 조금 더 나은 하루를 살아보고 싶은 의지이며, 사랑하며 살고 싶다는 조용한 소망이다. 잘하고 있다는 것은 남보다 빠른 속도가 아니라, 자신만의 속도로 하루를 살아내고 있다는 증거다.

결혼, 나를 마주하는 시간이다

결혼은 사랑해서 함께 살기로 했고, 함께라면 단단해질 줄 알았다. 하지만 누군가와 한집에서 산다는 것은 내가 알지 못했던 나와 마주하는 일이기도 하다. 사소한 말에 상처받고, 별것 아닌 표정에 멈칫한다. 맞춰 가려 애쓰다 지칠 때도 있다. 괜찮은 아내가 되고 싶고, 따뜻한 밥을 차려주고, 남편의 하루를 받아주는 여유 있는 사람이 되고 싶다. 그러나 그것은 드라마 속 이야기였다. 잘하려는 마음만큼 지쳐가고, 나라는 존재는 뒤로 밀려난다. 누구를 위해 살고 있는 걸까. 잘하고 싶다는 마음이 우리를 몰아세우는 건 아닐까. 하지만 잘하고 싶다는 건 완벽해지고 싶다는 뜻이 아니다. 소중한 관계를 지키고 싶은 다짐이다.

이제는 잘하고 싶다보다, 충분히 잘하고 있다는 믿음으로 살아간다. 누가 봐도 특별할 것 없는 일상이지만, 혼자 산책도 하고, 거실을 정리하고, 창밖을 바라본다. 하루를 성실히 살아내고 있다. 결혼 생활은 같은 자리에 머물러 있지만, 조금씩 변한다. 미처 보이지 않던 작은 배려가 눈에 들어오고, 말하지 않아도 이해되는 순간이 생긴다. 크고 거창한 것보다, 작고 조용한 다짐이 결혼생활을 이어준다.

어느 여름날, 남편이 평소답지 않게 쓰레기를 내놓더니 현관문을 활짝 열어 발까지 받치고 정리하기 시작했다. 순간 깜짝 놀라 소리쳤다. "문 이렇게 열어두면 모기가 다 들어와!" 말투에는 짜증이 섞여 있었다. 사실 화가 좀 났다. 모기에 물리면 유난히 부어오르고 며칠간 고생하기 때문이다. 현관문을 쾅 하고 닫고 나서야 마음이 풀렸다. 남편은 단지 잘하려고 했을 뿐이다. 결과는 조금 엉뚱했지만, 의도는 분명 배려였다. 잘하려는 마음만으로 충분히 아름다운 일상이었다. 결과가 살짝 삐끗해도, 마음 덕분에 웃을 수 있다.

잘하고 싶은 마음은 때때로 빗나간다. 정성껏 음식을 차려도 반응은 시큰둥하고, 농담 한마디가 괜한 말이 되기도 한다. 분위기는 서먹해지고, 마음은 꿀꿀하다. 그럴 때면 어디까지가 배려이고, 어디서부터 오지랖이 넓은 것인지 알 수 없을 때도 있다. 그러다 보면 사기가 꺾이고 대화마저 피하게 된다. 하지만 진심을 다하려는 마음이 어긋나고 어색하게 전달될 때가 있어도, 진심까지 틀린 건 아니다.

부부는 맞물린 톱니처럼 정확하게 돌아가지 않는다. 삐걱거리기도 하고, 웃음이 터지기도 하며, 말이 어긋나기도 한다. 그래도 괜찮다. 잘하려다 빗나간 하루도 우리의 일상이자 추억이 된다. 오늘 조금 어긋났다고 의기소침해질 필요 없다. 내일은 다시, 잘하고 싶은 마음으로 시작하면 된다.

어긋나도 괜찮다

잘하려다 망한 하루도 있고, 실수투성이인 하루도 있다. 오히려 실수 때문에 웃겼다며 지나가는 날도 있다. 물론 항상 그런 날만 있는 건 아니다. 서로 생각이 엇갈릴 때도 많다. 마음이 막막하고, 고구마 백 개를 삼킨 것처럼 답답한 순간도 있다. 그래도 괜찮다. 서로 다르다는 것을 알았으니까. 마음이 잠시 흔들려도 괜찮다. 여전히 마음은 그대로니까. 사랑하는 관계가 언제나 톱니처럼 맞아떨어질 순 없다. 가끔은 삐걱거리고, 가끔은 삐지다가, 결국 웃음이 터진다.

남편은 표현이 서툴러 무언가를 하면 꼭 생색을 낸다. 이 거 내가 해준 거 알지. 처음에는 유치하게 들렸지만 이제는 정겹게 들린다. 가끔은 너무 진지해서 오히려 웃기기도 하다. 어느 날은 공기청정기와 정수기의 필터를 갈아놓고 오늘 필터 청소했어, 당신은 이런 거 관심 없지, 남편이 꼼꼼하니까 좋지 하고 말했다. 그 모습이 웃겨서 역시 꼼꼼하다고 맞장구쳤다. 그럴 때면 남편은 금세 뿌듯해한다. 가정에 필요한 생필품이나 간식을 살 때도 마찬가지다. 쿠폰을 쓰거나 할인을 받았다는 이유만으로도 무척 기뻐한다. 그럴 땐 칭찬이 필수다.

서툴러도 마음은 빛난다

처음에는 생색이 유치하고 오버처럼 느껴졌다. 어린아이가 스티커 하나에 신나 하는 모습 같아 웃기면서도 귀엽게 느껴졌다. 시간이 지나면서 그 안에 진심이 있다는 것을 알게 되었다. 서로 잘하고 싶고, 티 나게라고 사랑을 보여주고 싶은 마음이 불쑥 튀어나온 표현이었다. 요즘은 오히려 그런 마음을 더 응원해 준다. 조금 오버해서라도 잘했다고 칭찬하면 금세 신이 나고, 그 모습이 또 재미있다. 완벽하지 않아도 인간적이고 다정하다. 유치해 보여도, 진심이 담겨 있음을 알기 때문이다.

  서툴지만 나름의 방식으로 잘해보려는 마음은 분명하다. 마음이 크고 멋질 필요는 없다. 어설퍼도, 유치해도 서로를 향한 마음만으로 한 걸음 가까워진다. 서툰 표현 속에서 나를 생각했구나 하는 따뜻함을 느끼고, 미숙하지만 위해주는 마음에서 위로를 받는다. 완벽하게 잘하려는 마음이 빛나는 것이 아니라, 함께 웃고 이해할 때 진짜 빛난다. 어설퍼도 괜찮다. 그 마음 덕분에 우리는 오늘도 서로를 조금 더 이해하며 살아간다.

6.

쉼으로 마음을 채우다

"인간의 모든 불행은 단 한 가지, 고요한 방에 들어앉아 휴식할 줄 모른다는 데서 비롯한다."　　　　　　　　　　　- 블레즈 파스칼

멈춰도 괜찮은 날

참 이상한 날도 있다. 아무것도 하지 않는 날이다. 하루 종일 집 안에만 머문다. 청소나 빨래처럼 손이 가는 집안일조차 하지 않는다. 식탁에 앉아 노트북을 펴놓고도 한참을 멍하니 바라본다. 해야 할 일은 분명 있지만, 굳이 찾고 싶지 않다. 괜히 커피만 한잔 더 마신다. 평소 같으면 시간을 헛되게 보내지 말자, 하나라도 해야지 하며 스스로를 다그쳤을 것이다. 그런데 오늘은 왠지 그냥 쉬어도 괜찮을 것 같다.

우리는 늘 무언가를 해야만 하는 사람처럼 부지런히 살아

간다. 부지런함이 나쁜 건 아니다. 다만, 아무 일도 하지 않으면 하루를 허비한 것처럼 느껴질 때가 있다. 하지만 아무것도 하지 않은 날이 꼭 낭비인 건 아닐 것이다. 어릴 적, 마루에 드러누워 하늘을 바라보던 기억이 있다. 느릿하게 흘러가는 구름을 보며 저 산 너머엔 뭐가 있을까 상상하던 시간이다. 그때는 참 지루했다. 하지만 이상하게도 그 기억은 지금까지도 선명하게 남아 있다. 무료했던 시간이 오히려 마음의 여백이 되어준 건 아닐까. 가끔은 아무것도 하지 않는 날이 필요하다. 그저 흘러가는 구름을 바라보듯 잠시 멈추게 하는 날. 그런 날이 있어야 내일 다시 부지런히 살아갈 힘이 생긴다.

쉼은 삶의 일부다

우리에게 아무것도 하지 않는 날이 필요하다. 눈을 감고 누워 있어도 좋고, 음악을 들어도 괜찮다. 게으른 것이 아니라, 회복의 시간이다. 이런 날이 삶을 더 단단하게 만든다. 아무것도 하지 않는 날은 게으른 날이 아니라, 필요한 날이다. 바쁘게 달려가는 날 속에도 멈춤이 있어야 앞으로 더 나아갈 수 있다.

예전에는 일찍 일어나 출근하고, 틈틈이 책을 읽어 하루 한 권의 독서량을 채웠다. 직장 일을 마치면 집안일까지 하며 오늘 하루 헛되지 않았구나 하는 안도감도 느꼈다. 그러나 나이 50을 넘기고 시간적 여유가 생기자, 갑자기 찾아온 한가로움이 내 삶이 아닌 듯 어색했다. 하지만 이제는 안다. 무계획으로 하루를 보내는 것도 나쁜 일이 아니라는 걸. 하루 만 보를 거뜬히 걷던 날이 있는가 하면, 아무것도 하지 않는 날에는 백 보도 채 걷지 않는다. 바쁘지 않다고 해서 덜 열심인 것은 아니다. 가끔은 그저 쉬는 것만으로 충분한 날이 있다.

멈춤이 힘이 된다

아무것도 하지 않는 날은 결코 시간 낭비가 아니다. 오히려 회복하고 재정비하는 날이다. 성과를 내지 않아도, 그저 있는 그대로 받아들이는 시간이다. 바쁘게 돌아가는 일상 속에서 긴장을 풀고, 피로를 내려놓는다. 고요한 순간에 감정과 욕구를 들여다보고, 마음의 소리에 귀를 기울인다. 아무것도 하지 않는 날이 지나면, 다시 하고 싶은 날이 찾아온다. 삶은 이렇게 균형을 찾아간다. 달리기만 하면 지치듯, 멈춤이 있어야 다시 달릴 수 있다. 해야 한다는 마음을 괜찮다는 마음으로 바꾸면 한결 가벼워진다. 오늘은 숨 쉬고 있다는 사실만으로도 스스로를 안아주는 날이다.

우리는 매일 달력을 바라본다. 책상 위에 세워둔 달력이든, 휴대폰 앱이든 상관없다. 누군가는 일정이 빼곡한 달력을 좋아한다. 약속이 겹쳐도 오늘도 열심히 살았구나 하고 안도한다. 반대로 아무 일정도 없는 날을 편안하고 자유롭게 느끼는 사람도 있다. 살다 보면 바쁠 때도, 여유로울 때도 있다. 우리는 각자의 자리에서 삶을 이어간다. 중요한 것은 한가할 때 마음의 긴장을 놓지 않고, 바쁠 때도 여유 있는 정취를 느끼는 것이다.

> "군자는 한가할 때 마음의 긴장을 놓지 말아야 하고, 분주할 때 여유 있는 정취를 지녀야 한다."   - 『채근담』, 홍자성, 홍익출판사

바쁜 가운데서도 여유를 찾고, 부족한 가운데서도 만족을 아는 것이 삶의 지혜다. 무엇을 하지 않을 자유와 무엇이든 할 수 있는 가능성이 어우러질 때, 삶은 한층 가벼워진다. 숨 쉬듯 편안한 날의 소중함을 아는 사람이 진짜 성실한 사람이다. 자기 삶의 중심을 지키며 살아가는 태도 속에서, 삶의 균

형을 찾는다.

고독은 충만이다

　고독은 외로움과 다르다. 외로움은 혼자 있는 순간 느껴지는 공허함이나 쓸쓸함이다. 반면, 고독은 나와 함께 있는 시간이다. 외로움이 감정이라면, 고독은 태도다. 고독은 누군가를 필요로 하지 않아도 괜찮은 순간이며, 침묵이 불편하지 않고 혼자 있는 시간이 자연스러운 상태다. 타인 없이도 충분히 채워지는 고독은 결핍이 아니라 충만함이다. 고독은 관계로부터 잠시 거리를 두지만, 혼자이되 외롭지 않다. 스스로를 온전히 느끼고 마주할 수 있는 시간, 그것이 바로 고독이다. 누군가는 고독을 여유 있는 사람만이 누릴 수 있다고 말하지만, 그 필요를 느낀다면 바쁜 사람에게도 충분히 가능한 시간이다.

"경제적으로 중류층이거나 고독을 즐길 수 있는 시간과 정력을 가진 여성들이 실제로는 그것을 이용하지 않는 것을 보면, 이 문제가 반드시 경제적인 이유에서만 연유하는 것은 아님을 알게 된다." ― 「바다의 선물」, 린드버그, 범우사

고독의 시간이 필요하다고 느낀다면, 바쁜 와중에도 그 시간을 만들어야 한다. 바쁠 때는 미처 듣지 못했던 마음의 소리를 듣기 위해서다. 고독은 생각을 낳고, 사유는 성장을 만든다. 겉으로는 멈춰 있을 것 같아도, 마음은 그사이에 자란다. 고독은 삶의 방향을 다듬고, 놓쳤던 감정을 회복하며, 지친 자신을 다독이는 시간이다. 아무것도 하지 않은 하루를 부정적으로만 볼 필요는 없다. 오히려 내면이 충실해진 날일 수 있다. 눈에 띄는 성과가 없더라도, 그날 마음속에는 새로운 씨앗이 심어진다. 그런 시간이 있기에 우리는 다시 달릴 수 있고, 스스로를 믿을 힘을 얻는다.

쉬어야 나아간다

아무것도 하지 않은 하루를 보내면, 문득 불안이 올라올 때가 있다. 이렇게 흘려보내도 괜찮은 걸까 하는 내면의 목소리 때문이다. 무언가 하지 않으면 뒤처질 것 같고, 시간을 낭비하고 있다는 죄책감이 은근히 스며든다. 하지만 그 불안은 세상의 속도에 맞춰 살았다는 신호다. 늘 해야 한다는 기준에 익숙해졌기에, 멈추면 괜히 초조해진다. 그러나 삶은 끊임없는 움직임만으로 이루어지지 않는다. 멈춤도, 쉼도 삶의 한 부분이다. 스스로 선택한 쉼은 게으름이 아니라 회복이다. 혼자 있는 시간이 불안하게 느껴질 수도 있다. 그러나 그 고요 속에서 비로소 자신을 마주하게 된다. 아무것도 하지 않는 그 순간, 마음은 조용히 숨을 고르고 다시 나아갈 힘을 모은다.

"자동인형 같은 인간은 무력감과 회의, 불안감에 휩싸인다. 혼자라는 것은 참을 수 없기 때문에 차라리 자아를 잃는 쪽을 택한다."
- 『자유로부터의 도피』, 에리히 프롬, 휴머니스트

남들처럼 살아야 한다는 생각이 우리를 불안하게 한다. 혼자 있으면 외롭고, 함께 있어야 마음이 놓이는 듯하다. 그러나 혼자 있는 시간은 오히려 나답게 생각하고, 주도적으로 살아가기 위해 꼭 필요하다. 해야 할 일의 틀에서 벗어나, 지금 나에게 필요한 것이 무엇인지 스스로 묻는 것, 그때 불안은 조금씩 줄어든다. 불안은 비교에서 비롯되기도 한다. 누군가는 하루에도 여러 일을 해내며 부지런히 사는 것 같고, 자신은 제자리인 듯 작아진다. 하지만 중요한 것은 속도가 아니라 방향이다. 누가 더 빨리 가느냐보다, 어디로 향하느냐가 삶을 결정한다.

현명한 태도는 지금의 나를 돌보고 있다는 사실을 인정하는 것이다. 눈에 보이는 성과가 없더라도, 내면은 자라고 있다는 믿음이 필요하다. 하루를 흘려보낸 것 같을 때 이렇게 생각하자. 오늘 나는 쉴 자격이 있는 사람이다. 불안은 위로를 통해 작아지고, 쉼은 삶을 단단하게 만든다. 흘려보낸 날이 있어야, 붙잡고 싶은 날도 생긴다. 멈춤을 인정하는 순간, 삶은 안정된다. 고독 속에서 자아는 회복되고, 마음은 다시 단단해진다. 아무것도 하지 않은 날도, 헛되지 않다. 쉼은 움직임의 준비이며, 고요는 또 다른 에너지다. 속도보다는 균형이, 성과보다는 여유가 더 필요한 때가 있다. 쉬어야 다시 살아갈 힘이 생긴다. 고독의 시간도 삶을 지탱하는 소중한 조각이다.

7.

나이 듦, 나다워지는 시간

"나는 힘과 자신감을 찾아 항상 바깥으로 눈을 돌렸지만, 자신감은 내면에서 나오는 것이었다. 자신감은 항상 그곳에 있었다."

- 안나 프로이트

나다움은 내려놓음이다

사람들은 나다움을 찾기 위해 겉으로 보이는 것을 바꾸려 한다. 외모, 말투, 직업, 관계, 라이프 스타일까지 바꾼다. 마치 무언가를 더해야만 진짜 내가 될 수 있다고 믿는다. 하지만 진짜 중요한 것은 덧붙이는 것이 아니라 걷어내는 것이다. 타인의 시선, 기대, 사회가 만들어놓은 틀을 내려놓을 때 비로소 나답게 빛날 수 있다.

내면의 빛은 진실이다. 억지로 긍정적일 필요도, 완벽할 필요도 없다. 지금 이대로도 충분히 빛나는 존재다. 내 안에 빛이 스며들면 마음은 따뜻해지고, 말이 자연스러워지며, 표정이 부드러워진다. 누군가를 질투하지 않게 되고, 비교하지 않아도 된다. 무엇을 증명하려 애쓰지 않아도 괜찮다. 있는 그대로의 나를 신뢰하면 된다.

나이가 들면서 눈이 슬슬 말을 안 듣는다. 책을 읽다 보면 글자가 춤을 추고, 눈을 비벼도 흐릿하다. 세수를 해도 달라지지 않는다. 아, 드디어 '노안(老眼)'이라는 손님이 오셨구나. 몸은 예전 같지 않지만 실망할 일은 아니다. 자연스러운 흐름이고, 누구나 겪는 과정이니까. 인생이 언제나 100% 만족스러울 수는 없다. 흐릿해도 읽을 수 있고, 느려도 살아갈 수 있다. 이왕이면 웃으며 긍정하며 살아내자. 몸은 어쩔 수 없어도 마음만큼은 선택할 수 있으니까. 세월의 작은 불편함조차 웃어넘길 수 있다면 그것으로 충분하다. 슬픔도 두려움도 삶의 일부다. 억지로 지우려 하기보다, 그 또한 나의 한 부분으로 인정할 때 비로소 마음의 빛을 되찾는다. 나이 들면 지치고 흔들릴 때, 어떤 모습으로 살아야 할지 혼란스러울 때가 있다. 그럴 때 한 글귀를 펼친다.

"언제나 삶에서 부딪히는 일을 안으로 살펴야 해요. 타성적으로 보지 말고 새로이 돌아봐야 합니다. 그렇게 해야 무슨 일이 일어나도 흔들리지 않는 삶을 살아갈 수 있어요."

- 『지금 여기 깨어있기』, 법륜 스님, 정토출판

좋은 일이 있어도 감정에 휩쓸리지 않으려 하고, 슬프거나 화가 나더라도 마음이 흔들리지 않도록 다잡는다. 모든 것은 결국 지나간다는 사실을 떠올리면, 마음은 조금 고요해진다. 물론 평정을 지킨다는 것은 쉽지 않다. 하지만 감정에 너무 깊이 잠기지 말라는 교훈은 늘 마음에 새겨진다. 그런 다짐 이야말로 나답게 살아가는 길을 밝혀주는 작은 빛이 된다.

내면의 힘이 길러진다

외면의 힘과 내면의 힘이 있다. 외면의 힘이라 하면 재산, 권력, 인맥, 외모처럼 눈에 보이고 쉽게 드러나는 것을 떠올리기 쉽다. 반대로 내면의 힘은 겉으로는 보이지 않지만, 삶을 끝까지 버티게 하는 보이지 않는 원동력이다. 단단함, 잡초 같은 질긴 생명력, 오뚝이처럼 다시 일어나는 회복력, 그리고 스스로를 지켜내는 강인함이 바로 내면의 힘이다.

"내면의 힘이 외면의 힘과 가장 크게 다른 것은 가지면 가질수록 점점 더 커진다는 것이다. 그리고 일단 이 내면의 힘을 가지면 어떠한 외면의 힘에 대해서도 흔들리지 않는다."

- 『때로는 행복 대신 불행을 택하기도 한다』, 김진명, 이타북스

이 말에는 깊은 울림과 힘이 있다. 자아와 자아가 마주할 때, 우리는 비로소 당당해질 수 있다. 내면의 힘은 스스로 다져야 한다. 이번 생에서 외면의 힘이 부족하다면, 적어도 내면의 힘만큼은 단단히 길러야 하지 않겠는가. 의지와 노력으로 내면의 힘을 키워 간다면, 흔들려도 다시 설 수 있다.

내면의 빛은 요란하지 않다. SNS에서 수십 개의 공감을 받을 때보다, 혼자 책을 읽다 한 문장에 울컥할 때 더 빛난다. 살다 보면 빛이 흐려지는 순간이 있다. 남과 비교할 때, 기대만큼 되지 않을 때, 누군가에게 혹은 스스로에게 실망할 때가 그렇다. 그러나 바쁘고 지친 하루 속에서도 잠시 고요를 허락할 수 있다면, 빛은 다시 반짝일 준비를 한다.

나이가 들수록 나다운 삶을 배워야 한다. 이제는 남의 시선보다 자신을 어떻게 바라볼지에 집중할 때다. 그동안 사회

적 역할에 충실하려 애쓰며, 좋은 사람으로 보이려 하고, 기대에 부응해야 한다는 부담 속에서 살아왔다. 젊은 시절에는 긴장감으로 하루를 버텼지만, 어느 순간 마음의 방향이 달라졌다. 이제는 나답게 살아도 되지 않을까. 그 질문이 내면의 목소리에 귀 기울이게 하고, 마침내 자신에게로 돌아오는 길이 된다.

나다움을 지켜내다

나다움에는 타인이 보는 나다움과 자신이 느끼는 나다움이 있다. 둘이 같을 필요도, 같을 수도 없다. 중요한 것은 스스로에게 부끄럽지 않은 삶이다. 자신에게 떳떳할 때, 타인의 눈에도 자연스럽게 비친다. 나이가 들수록 외적인 조건보다 내면의 안정과 정직함이 더 중요해진다. 내면을 잘 관리한다는 것은 자신을 마주하는 시간을 갖고, 누군가에게 휘둘리지 않으며 중심을 지키는 마음을 말한다. 때로는 독서나 글쓰기처럼 몰입할 수 있는 취미를 가지는 것도 그 하나다. 이런 노력이야말로 나다움을 지켜내는 방법이자, 삶의 기술일지도 모른다.

나다운 삶을 살면 주변에서도 자연스럽게 긍정적인 반응

을 보인다. 억지로 행동하거나 과하게 애쓸 필요가 없다. 편안한 말투, 솔직한 감정, 자연스러운 태도에서 우러나오는 따뜻함은 결국 전해진다. 요즘 좋아 보여요. 이 말은 단순히 외모나 분위기를 칭찬하는 말이 아니다. 내면의 빛을 알아봐주는 말일 때가 있다. 우리는 매일 같을 수 없다. 흔들리는 날도 있고, 실수하는 날도 있다. 그것 또한 삶의 일부다. 삶은 여전히 어렵고, 혼란스럽고, 외롭다. 그럼에도 내면의 등불을 꺼뜨리지 않는다면, 그것만으로도 충분히 훌륭하다. 나이 든다는 것은 결국, 나다워질 수 있는 또 하나의 기회이기도 하다.

나답다는 말이 꼭 모두가 좋다고 여기는 방향을 뜻하지는 않는다. 나다운 삶이란 자기 자신에게 집중하고, 주어진 하루에 최선을 다하는 삶이다. 가끔은 스스로에게 묻게 된다. 나는 지금, 나에게 집중하며 최선을 다해 살고 있을까? 그 짧은 질문 속에 삶의 방향이 숨어 있다.

자신만의 기준을 세우다

젊을 때는 세상의 기준을 따라야 한다. 일해야 하고, 책임져야 하며, 누군가를 만족시켜야 한다. 그러나 나이가 들수록 조금씩 여유가 생긴다. 남이 정한 기준보다, 이제는 자신만의 기준을 세운다. 세상을 바라보는 시선도 한결 너그러워진다. 여전히 해야 할 일도 있고, 배려해야 할 사람도 있지만 인생은 조금 편해진다. 나이 듦이 재정비의 기회인 이유는 보이기 위한 인생이 아니라, 살아가기 위한 인생을 선택하기 때문이다. 실수나 실패 앞에서도 그럴 수도 있지 하며 유연한 마음으로 살아간다.

인격은 감출 수 없다. 아무리 숨기려 해도 말과 행동에서 드러난다. 나이가 들수록 겉모습보다 중요한 것은 자신의 말과 행동에 책임지는 일이다. 실수를 줄이려면 말을 아끼고, 가르치려 들기보다 때로는 침묵을 배우는 것이 필요하다. 꼰대와 멘토의 차이는 단순하다. 누군가가 물었을 때 답하면 멘토이고, 묻지 않았는데 먼저 나서면 꼰대다. 나이가 들수록 쉽게 꼰대가 되기 때문에, 묻기 전에 답하지 않으려는 마음가짐이 필요하다. 그것이 내면을 다지는 성숙한 습관이다.

나이 들수록 인격적인 어른다움으로 거듭나야 한다. 스스로를 돌아보는 시간이 필요하다. 젊을 때는 나다움이 무엇인지 몰라 헤매지만, 나이가 들면 선택할 수 있다. 자신의 기준을 지키고, 내면의 힘을 기르며, 남의 평가에 흔들리지 않는 것. 그 모든 것이 어른다움의 본질이다. 나이 듦은 나다워질 수 있는 또 한 번의 기회다. 조금 느려도 괜찮다. 나답게 살아가는 순간이야말로 인생에서 가장 품격 있는 시기다.

8.

완벽하지 않아도 충분한 하루

"평범한 것을 매일, 평범한 기분으로 행하는 것이 비범이다."

- 앙드레 지드

바쁘든 여유롭든 충분히 살아낸 하루다

감정이 널뛰고, 이유 없이 멍해지고, 잘한 것도 없는데 이상하게 피곤한 날이 있다. 왜 이렇게 사는 걸까. 마음 한쪽이 웅크려 든다. 하루는 친구에게 털어놓았다. "요즘 나, 그냥 숨만 쉬고 살아." 친구는 고개를 끄덕이며 말했다. "열심히 살아왔고, 지금도 살아내고 있는 거야. 그게 어디야. 이제 좀 편하게 가도 돼." 그 말을 곱씹는다. 살아 낸다는 건 단순한 생존이 아니다. 바쁘게 움직인 하루도, 성과 없이 무기력한 하루도 모두 살아낸 하루다.

사는 건 거창하지 않다. 버텼고, 견뎠고, 포기하지 않았다면 그걸로 충분하다. 인생은 반짝이는 장면으로만 채워지지 않는다. 대부분의 날은 평범하고, 흐리고, 피곤하고, 밍밍하다. 그 속에서도 우리는 포기하지 않는다. 눈을 뜨자마자 서둘러 씻고, 아침밥을 거른 채 분주히 출근 준비를 한다. 시곗바늘이 등 뒤에서 재촉하듯 하루를 시작한다.

　나이 들면서 일찍 일어나야 한다는 강박에서 벗어나, 창밖으로 스며드는 아침 햇살을 느낀다. 뜨거운 물에 커피를 내리고, 향이 퍼지는 순간을 음미한다. 짧은 여유 속에서도 나이 듦은 나쁘지 않다. 천천히 걷는 길에서도 삶의 에너지가 채워진다. 빠르게 걷지 않아도, 부지런을 떨지 않아도, 느린 걸음은 충분히 충만하다. 시간이 나면 음악을 듣고, 하루 한 권을 고집하지 않고, 몇 쪽만 읽어도 좋다. 졸음이 몰려오면 잠깐 눈을 붙이고, 멍하니 시간을 흘려보내기도 한다. 시간을 대하는 마음이 한결 너그러워진다.

　얼마 전 마트 앞에서 어린아이 손을 잡은 엄마가 말했다. "조심해, 천천히" 그 목소리에 나도 모르게 미소가 지어졌다. 그 모습에서 예전의 내가 겹쳐 보였다. 그때는 힘들고 지친 시절이라 여겼지만, 지나고 보니 참으로 아름다운 시기였다. 살아낸다는 건, 하루를 무탈하게 보내는 것만으로도 충분하다.

하루를 살아낸다는 건 순간들의 합이다

오늘을 살아낸다는 것은 단순히 하루를 버틴다는 말로 다 설명되지 않는다. 겉으로 보기에는 그저 흘러간 하루 같아도, 그 안에는 매일같이 이어지는 작은 노력이 숨어 있다. 아침에 눈을 뜨고 무거운 몸을 일으키는 순간부터 하루는 시작된다. 늦게 잠들어 피곤해도 '그래, 또 하루 해보자' 하며 이불을 걷는다. 물 한 잔을 마시고 마음을 다잡는다. 별일 없는 하루 같아도, 작은 일들이 이어져 하루를 채운다. 마음이 싱숭생숭해도 씻고, 옷을 갈아입고, 출근하든 집에 있든 단정히 하루를 맞이한다. 책을 몇 장 읽다 말아도 괜찮다. 그것만으로도 한 걸음 나아간 것이다.

하루를 살아낸다는 것은 순간들의 합이다. 일상은 대단해 보이지 않지만, 소소한 일들이 삶을 지탱한다. 조용히 반복되는 성실함이 우리를 지켜낸다. 누군가는 큰 목표를 향해 달려가고, 누군가는 그저 무너지지 않으려 하루를 살아낸다. 그 안에는 보이지 않는 선택과 인내가 있다. 화를 내지 않으려 입을 다무는 날도 있고, 울적한 마음을 달래려 길을 걷는 날도 있으며, 누군가에게 다정한 말을 건네는 날도 있다. 사소해 보여도, 그것이 오늘을 살아내는 방법이다. 별일 없는 하루, 평범한 하루가 고맙고 감사하다.

오늘도 제자리에서 꽃을 피운다

우리는 똑같은 하루를 살 수 없다. 누군가는 분주한 도시의 한복판에서, 누군가는 조용한 시골 마당에서 하루를 살아간다. 어떤 이는 책상 앞에서, 또 어떤 이는 병상 위에서 각자의 하루를 통과한다. 모양은 달라도 모두 오늘을 지나고 있다. 어떤 날은 바람이 거세게 불고, 어떤 날은 햇볕이 살을 파고들듯 내리쬔다. 춥고 덥고, 축축하고 흐린 날도 있다. 그 모든 날들 속에서 자기 자리를 지키는 것, 그것이 오늘을 살아내는 방식이다.

모든 꽃이 봄에 피는 건 아니다. 어떤 꽃은 한여름의 더위 속에서, 또 어떤 꽃은 늦가을의 찬바람 속에서 봉오리를 틔운다. 누가 먼저 피었느냐 보다 중요한 건, 자신의 계절이 왔을 때 놓치지 않고 피어나는 일이다. 아침에 눈을 뜨고 오늘을 살아내겠다고 다짐하는 일은 너무도 당연해 보이지만, 그

마저 큰 용기일 때가 있다. 회사를 가는 사람도, 아이를 돌보는 사람도, 혼자 집을 지키는 사람도, 침대에서 하루를 견디는 사람도 모두 자기만의 오늘을 살아간다. 같은 시간을 살아도 마음은 다르고, 같은 길을 걸어도 발걸음은 다르다. 누구의 하루도 가볍지 않다. 우리는 저마다 선 자리에서 각자의 꽃을 피운다.

햇살이 고운 날에는 걷고, 비 오는 날에는 커피 한잔으로 마음을 달랜다. 반려견의 밥을 챙기고, 침묵 속에서 감정을 정리한다. 이런 일이 살아냄이다. 하루는 언제나 균형을 이루지 않는다. 기울어진 날에는 넘어지기도 하고, 무거운 날에는 멈춰서기도 한다. 그럴 때 자신에게 말하자. "잘하고 있어." 하루란 거창한 선택보다 작은 결심의 연속이다. 마음을 다잡는 것, 사소한 일에도 최선을 다하는 것, 무너져도 다시 일어서는 것, 그것이 오늘을 살아낸 증거다. 지금 서 있는 자리에서, 나만의 속도로, 나만의 호흡으로 꽃 한 송이를 피워내는 하루는 누구와도 바꿀 수 없는 삶의 한 장면이다. 우리는 같을 수 없는 하루 속에서도, 각자의 자리에서 의미 있는 오늘을 살아내고 있다.

평범하게 산다는 건, 쉬운 일이 아니다

성공한 인생에 정답이 없듯, 성공한 하루에도 정답은 없다. 누구나 24시간을 통과하지만, 각자가 겪는 하루는 다르다. 웃고, 울고, 다투고, 기뻐하며 저마다의 하루를 살아낸다. 그 안에는 오늘을 지켜내려는 단단한 마음이 숨어 있다. 완벽하지 않아도, 실수해도, 조금 느려도 괜찮다. 중요한 건 감정을 다스리고, 작은 일에도 감사하며 하루를 버티는 일이다. 살아낸다는 건 단순히 존재했다는 뜻이 아니다. 포기하고 싶은 마음을 눌러가며 끝까지 하루를 붙드는 것, 그 자체로 충분히 잘한 것이다.

우리는 평범한 삶을 위해 노력한다. 남들처럼, 보통처럼 살아가기 위해 애쓴다. 하지만 아이러니하게도, 평범하게 산다는 건 결코 평범한 노력이 아니다. 아무 일 없는 것처럼 하루를 무너뜨리지 않으려면 그만큼의 감정과 에너지가 필요하다. 친구가 안부를 물어오면 대수롭지 않게 말한다. "그냥 하루하루 사는 거지, 뭐." 하지만 하루를 살아낸다는 건 결코 가벼운 일이 아니다. 쌓여가는 하루가 결국 우리의 삶을 만든다. 남들은 아무 일 없이 살아내는 듯 보여도 각자의 자리에서 치열하게 버티고 있다. 자신만의 무게를 짊어지고 묵묵히 하루를 견딘다. 평범해 보이지만 결코 가볍지 않은 하루, 그 하루가 가장 소중하다.

완벽한 하루는 없다

계획대로 되는 날도, 기분이 종일 좋은 날도 드물다. 그럼에도 우리는 아침을 열고 하루를 시작한다. 스스로에게 말해주자. 오늘도 괜찮다, 살아내는 데 완벽할 필요는 없다, 모든 걸 다하지 않아도, 기분이 들쑥날쑥해도 괜찮다. 기운이 넘치는 날도 있고, 꼼짝하기 싫은 날도 있는 게 당연하다. 감정도 몸도, 매일 달라지기 때문이다.

느린 하루라고 해서 뒤처지는 건 아니다. 속도가 다를 뿐이다. 중요한 건 포기하지 않는 마음이다. 어떻게든 하루를 통과해 여기까지 왔다면, 그것만으로도 충분히 잘한 일이다. 당신은 오늘을 살아냈다. 조용히 감당했고 누구에게도 말하지 못한 걱정까지 품은 채 하루를 버텼다. 하루를 지켜낸 것이야말로 진짜 힘이다. 오늘도 살아냈다는 말이면 충분하다. 나다운 삶은 자연에서 배울 수 있다. 자연은 서로 비교하지 않는다. 질투하지도, 서두르지도 않는다. 그 자리에서 빛날 뿐이다. 그것이 진짜 자연스럽다는 뜻이다. 행복은 멀리 있지 않다. 지금 이 순간, 스스로에게 충실할 때 피어난다.

"꽃들은 다른 꽃들에 대해 신경을 쓰지 않습니다. 다른 꽃들을 닮으려고도 하지 않습니다. 저마다 자기 나름의 모습을 지니고 있습니다." ─ 『스스로 행복하라』, 법정, 샘터사

2장

관계에도
조명이 필요하다

우리는 누군가에게 소중한 존재이면서

동시에 자기 자신에게도 중요한 사람이다.

너무 얽히지 않아도 괜찮다.

적당한 거리에서 서로의 리듬을 존중하는 연결이

진짜 편안한 관계다.

1.

인연에도 때가 있다

"당신의 시간은 제한돼 있다. 그러니 다른 사람의 인생을 사느라 낭비하지 마라."
― 스티브 잡스

머물다 간다

시절 인연이라는 말이 있다. 모든 인연과 사건에는 때가 있고, 그 시기와 조건이 맞아야 자연스럽게 이루어지거나 끝난다는 뜻이다. 인연에도 시기가 있다. 머물다 가는 사람도 있고, 떠나야 할 순간도 있다. 모든 것은 계절처럼 흘러간다.
예전에 가까운 친구가 있었다. 하루에도 몇 번씩 연락하고, 계획 없이 만나 수다를 떨며 청춘을 함께했다. 그때는 영원할 거라 믿었지만, 시간이 흐르며 자연스럽게 멀어졌다. 누가 잘못한 것도, 상처를 준 것도 아니었다. 다만 연락이 뜸해지고, 결국 끊겼을 뿐이다. 인연에도 유효기간이 있다는 것을 알게 됐다. 억지로 붙든다고 돌아오지 않는다. 모든 인연이 영원할 필요는 없다. 스쳐 간 만남도 그 순간에는 충분히 삶을 빛나게 한다.

떠날 때도 있다

어릴 적 친구는 놀다가도 자연스럽게 헤어졌다. 억지로 이어가려 하지 않았고, 그저 흐름에 맡겼다. 하지만 어른이 되면서 멀어짐을 괜히 실패처럼 느낄 때가 있다. 떠남은 어쩌면 새로운 만남을 준비하는 신호일 뿐이다. 억지로 붙잡을 필요는 없다. 머물 때는 최선을 다하고, 떠날 때는 감사히 보내는 것이 건강하다. 어떤 인연은 떠나며 나를 성장시키고, 어떤 인연은 남아 삶을 지탱해 준다. 둘 다 소중하다. 지나간 인연에 연연하지 말고, 주고받았던 마음만 고이 간직하자.

그대로 존재한다

관계를 떠올리면, 모임이 먼저 생각난다. 여러 사람이 모인 자리에서는 자연스레 말수가 줄어든다. 입을 완전히 다무는 건 아니지만, 말을 꺼낼 때마다 머뭇거리게 된다. 무심코 던진 한마디가 누군가에게 상처가 될까, 엉뚱한 오해로 이어질까 걱정되기 때문이다. 괜히 쓸데없는 말을 하는 건 아닐까 하는 생각까지 더해진다. 반응을 지나치게 의식하면, 대화는커녕 나다운 말조차 꺼내기 어렵다. 말을 아끼게 되고 입을 다물게 된다. 대화 주제가 지루해도 끼어들지 못하고, 타인의 반응에 맞춰 움직이는 수동적 존재가 되어버린다.

여러 사람이 모일수록 불편함은 커진다. 한 사람의 반응에 신경 쓰다 보면 누군가는 소외되고, 또 다른 누군가는 지쳐 간다. 자리는 피곤하고 어색하다. 그래서 둘이 마주 앉아 눈을 맞추고 마음을 주고받는 대화를 선호한다. 말이 길지 않아도, 침묵이 흘러도 불편하지 않다. 서로의 말에 집중해 주는 대화는 자유롭다. 둘만의 대화에서는 감정과 말이 온전히 전달되고, 속마음까지 털어놓을 수 있는 믿음이 생긴다.

사람 많은 자리가 버거운 이유는 북적이는 공간과 왁자지껄한 대화 속에서 정신이 분산되고, 스스로 작아지는 기분이 들기 때문이다. 말을 해야 할 것 같지만, 누군가 길게 말하면 떠오른 생각도 삼킨다. 흥미롭지 않은 이야기가 이어지면 불편함은 더 커진다. 모임에서는 적당히 맞장구치고, 너무 튀지도, 너무 조용하지도 않아야 하는 묘한 눈치가 필요하다. 자연스레 기준을 내려놓고, 분위기에 맞춘다. 그러다 보면 스스로를 잠시 잃은 기분이 들 때도 있다. 그러나 이는 회피가 아니라 선택이다. 모든 자리에서 중심이 될 필요도, 모든 사람과 어울릴 필요도 없다는 것을 받아들이는 선택이다. 편안한 방식으로 연결되고, 다수보다 친밀한 대화가 자연스럽기 때문이다. 사람 많은 자리가 힘들다고 감정을 부정하지 않는다. 자기 방식대로, 가까운 사람과 함께 세상을 살아간다.

깊게 연결된다

관계는 복잡하고 때로는 버겁다. 넓게 어울리는 것이 사회적 기준처럼 여겨지지만, 꼭 그래야 할 필요는 없다. 소수와의 만남에는 단순하면서도, 설명 없이 이해받는 편안함이 있다. 친밀한 대화는 풍성하고, 침묵조차 어색하지 않다. 어떤 모습이어야 할 필요도 없다. 상대가 있는 그대로의 나를 받아주기 때문이다. 소수의 친밀한 관계는 많지 않기에, 더 소중하다.

몇 사람과 진심을 나누며, 서로를 편안하게 해주는 쪽을 선택한다. 억지로 이어가는 대화 속에 오래 머물고 싶지 않다. 진짜 편안함은 강제로 만들어지지 않는다. 마음이 통할 때 자연스럽게 생겨난다. 가까운 몇 사람이라고 해서 가볍게 보거나 소홀히 대하지 않는다. 오히려 진심을 담아 마주한다. 깊게 연결된 대화는 잔잔한 울림을 주고, 혼자서는 발견하지 못한 감정과 시선도 함께 느낄 수 있다.

진심이면 충분하다

누구와 함께 있느냐보다, 그 안에서 나답게 있을 수 있느냐가 더 중요하다. 관계는 외로움을 피하기 위한 수단이 아니라, 살아가는 방식 중 하나다. 많은 사람이 인간관계가 자산이라 하고, 연결이 많을수록 기회가 열린다고 말한다. 틀린 말은 아니지만, 얕고 보여 주기 식이라면 아무리 많은 사람과 얽혀 있어도 외롭다. 진심은 쉽게 나눌 수 없기 때문이다. 마음을 열고 상처받을 가능성까지 감수할 때, 비로소 진짜 관계가 맺어진다. 친절함은 소중하지만, 모든 사람에게 똑같이 베풀 수는 없다. 억지로 미소 짓고 맞추려 하면 오래가지 않는다. 진심을 나누다 보면 오해도, 서운함도 생기지만, 결국 제자리로 돌아온다. 진심 하나면 충분하다.

2.
관계에 빛을 더하다

> "행복은 종종 사소한 일에 관심을 기울일 때 생겨나며, 불행은 종종 사소한 일들을 무시할 때 생겨난다." - **빌헬름 부슈**

조명을 켠다

배우는 조명이 있어야 관객의 눈에 들어온다. 아무리 훌륭한 연기라도 어둠 속에서는 보이지 않는다. 사람 사이도 비슷하다. 아무리 가까운 사이라도 관심이 사라지면 마음은 금세 어두워진다. 오랜만에 친구에게서 전화가 왔다. "전화 왜 이렇게 빨리 받아?" 하는 말에 "네 생각 하고 있었어."라는 농담이 오갈 때, 서로의 존재를 확인하며 마음이 따뜻해진다.

집에 들어온 아이에게 "오늘 학교 어땠어?" 하고 묻거나, 지친 배우자에게 "오늘 힘들었지?" 한마디 건네는 일은 사소해 보여도 마음의 조명을 켜는 일이다. 내가 여기 있음을 알아주는구나 하는 느낌이 드는 순간이다. 하지만 늘 조명을 켜두긴 어렵다. 피곤할 때도 있고, 내 마음이 어두울 때도 있다. 그래도 서로가 서로에게 조명이 되어준다면 관계는 쉽게 무너지지 않는다. 작은 관심이 건네는 한마디가 사이를 따뜻하게 밝힌다.

주위를 보면 조명이 꺼진 얼굴이 있다. 오랫동안 관심 받지 못한 표정에는 쓸쓸함이 내려앉아 있다. 하지만 한마디의 메시지나 전화 한 통이 그 표정을 환하게 바꾼다. 당신이 받았던 따뜻한 말을 떠올려보자. 너라면 할 수 있어. 그 말이 오래 남는 이유는 관심이 남긴 흔적 때문이다. 그 흔적은 우리가 존재하고 있음을 느끼게 하고, 살아 있음을 확인하게 하며, 사랑받고 있음을 일깨워주는 따뜻한 조명이다.

마음을 말한다

좋아한다, 고맙다, 미안하다 같은 말은 마음속에만 담아두면 의미가 없다. 아무리 좋은 마음이라도 말하지 않으면 상대는 모른다. 많은 사람이 착각한다. 말하지 않아도 알겠지, 표정만 봐도 느끼겠지 생각하지만, 현실은 다르다. 말하지 않으면 모른다. 느낌은 엇갈리고, 눈치는 기대만큼 정확하지 않다. 그래서 말이라는 조명이 필요하다.

수고했어, 보고 싶었어, 고마워. 짧은 한마디가 마음의 어두운 구석을 환하게 밝힌다. 별것 아닌 말 같지만, 그 말은 존재를 확인하고 사랑을 전하는 조명이 된다. 아이에게도, 배우자에게도, 연인에게도 마음을 표현해야 한다. 마음이 있다는 것을 보여주지 않으면 그 빛은 쉽게 사라진다. 말은 우리를 비추고 마음을 드러낸다. 곱게 말하는 사람은 마음이 고운 사람이다. 고운 말은 관계를 이어주는 디딤돌이며, 좋은 인연을 이어가게 한다. 결국 고운 말은 빛이 된다.

"작은 언어 습관 하나하나가 내 삶을 밝게도 만들고 어둡게도 만든다는 사실을 다시 한번 명심하면 좋겠습니다."
- 『고운 마음 꽃이 되고 고운 말은 빛이 되고』, 이해인, 샘터

감정은 시간이 지나면 희미해진다. 아무리 좋은 마음도 타이밍을 놓치면 흐려진다. 그때 고마웠다는 말을 오늘 전하고, 네가 있어서 다행이라는 말도 오늘 해야 한다. 늦으면 그 마음은 영영 어두운 채로 남을 수 있다. 좋은 일이 생기면 그

때 얘기하지, 기념일에 하면 되지 하고 미루기만 하면 표현되지 않은 감정은 존재하지 않는 것과 같다. 우리는 기억보다 감정을 오래 간직한다. 그리고 그 감정을 만들어주는 건 말이라는 빛이다. 진심을 담은 한마디면 충분하다. 말 한마디가 누군가의 하루를 환하게 만든다.

온도를 데운다

조명이 공간의 분위기를 바꾸듯, 관계도 말투 하나, 눈빛 하나, 인사 한마디로 온도가 달라진다. "뭐 먹었어?"와 "밥은 챙겨 먹었어?"는 비슷한 말이지만, 그 안에 담긴 따뜻함은 다르다. 말없이 휴대폰만 바라보는 저녁 식탁은 서로를 당연하게 여기게 만든다. 작은 습관이 관계를 서서히 차갑게 만든다. 부드러운 말투, 따뜻한 시선, 자주 전하는 고마움은 처음에는 어색해도 반복되면 익숙해진다. 우리는 따뜻했던 곳을 기억하고 다시 돌아간다. 말투가 편안하고 표정이 부드러우며, 잔소리 대신 공감해 주는 사람 곁은 언제나 편안하다. 따뜻함은 거창한 행동이 아니라, 작은 습관에서 만들어진다.

아들이 성인이 되어 운전을 시작했다. 나는 걷는 걸 좋아해 장롱면허를 그대로 두고, 대중교통을 이용한다. 큰 불편은 없지만 가끔 차가 필요할 때가 있다. 그럴 때면 아들이 운전해 준다. 외출을 마치고 내릴 때마다 "운전해 줘서 고마워, 수고했어." 하고 말한다. 그래서일까, 이따금은 먼저 운전을 자처하기도 한다. 사소한 감사의 표현이 일상의 온도를 조용히, 그러나 확실히 데워 준다.

서로를 빛나게 한다

진짜 빛나는 사람은 다른 사람을 비춰주는 사람이다. 조명은 자신을 드러내는 빛이면서, 동시에 상대를 밝혀주는 빛이기도 하다. 때로는 말없이 묵묵히 상대를 비추는 순간, 관계는 깊어진다. 너는 정말 잘하고 있어, 이건 너 아니면 못 했을 거야, 같은 말은 상대의 존재를 인정하고, 스스로의 가치를 느끼게 한다.

세상은 각자의 조명만 신경 쓰기 바쁘다. 자신이 얼마나 주목받고 있는지에 집중하다 보면, 다른 사람에게 신경 쓸 여유가 사라진다. 진짜 빛나는 사람은 다른 사람을 비춰줄 줄 아는 사람이다. 칭찬은 가장 쉬운 조명이다. 멋지다, 고생했다, 덕분이다. 단 몇 초의 말 한마디가 상대를 환하게 만든다. 가까운 관계일수록 서로의 조명이 중요하다. 부부, 친구,

동료에게 네가 있어서 든든하고, 난 늘 네 편이라는 마음을 전하는 것은 자존감을 밝혀주는 등불과 같다.

누군가를 칭찬하거나 응원하는 일은 질투나 비교 때문에 쉽지 않을 때가 있다. 다른 사람이 잘되는 모습을 보면 자신의 어둠이 더 깊어지는 기분이 들기도 한다. 그러나 관계는 경쟁이 아니라 동행이다. 서로의 조명이 되어줄 때, 더 멀리, 오래 함께 갈 수 있다. 누군가를 빛나게 한다고 해서 자신이 어두워지는 것은 아니다. 조명은 나눌수록 더 밝아지고, 내가 비춘 빛이 언젠가 다시 나를 따뜻하게 비춘다. 누군가를 비춘다는 것은 그 사람의 가능성을 믿고, 진심으로 응원하는 일이다. 진심이 담길수록 상대는 빛나고, 그 빛은 결국 자신의 마음까지 따뜻하게 물들인다.

3.

놓을 용기, 지킬 용기

"자신과 얘기를 하는 듯한 사람을 알고 지내는 것보다 더 행복한 관계가 어디 있겠는가."　　　　　　　　　　　- 마르쿠스 툴리우스 키케로

모두와 맞추려 하지 않는다

어릴 때부터 우리는 모두와 잘 지내야 한다는 메시지를 배우며 자란다. 대부분의 사람은 그 충고를 따르려 하지만, 시간이 흐르며 모두와 잘 지낼 수는 없다는 사실을 깨닫는다. 이 깨달음은 삶의 중요한 전환점이 되기도 한다. 가족조차도 기대와 다르게 행동할 때가 있고, 예상치 못한 논쟁이 벌어지면 왜 그럴까 하고 묻게 된다. 다르게 생각하는 사람으로 보기보다, 내 기준에서 벗어나는 사람으로 판단하게 되는 순간이다.

자신도 모르게 모두와 잘 지내야 한다는 부담을 안고 살아간다. 하지만 동시에 관계에서 벗어날 수 없다는 압박감도 느낀다. 모두와 잘 지낼 수 없다는 사실을 받아들이는 것은, 이기적이거나 냉정한 행동이 아니다. 오히려 건강한 관계를 유지하기 위한 필수 조치다. 무리하게 맞추려 했던 친구가 계속 힘들게 한다면 거리를 두는 것이 두 사람 모두에게 나을 수 있다. 직장에서도 자신의 신념을 지키기 위해 아니요라고 말할 줄 아는 것은 스스로를 지키는 중요한 선택이다.

기준을 세운다

어떤 사람이 계속 부담으로 느껴진다면, 그 관계를 다시 생각해 볼 필요가 있다. 모두에게 잘하려다 보면 정작 아무와도 제대로 지내지 못할 때가 있다. 중요한 것은 얼마나 많은 사람과 지내느냐가 아니라, 얼마나 건강한 관계를 맺고 있느냐다. 내가 중요하게 여기는 가치나 기준을 지키지 못하면 결국 마음이 지친다. 삶의 질을 높이려면 기준을 세우고, 그 기준에 맞지 않는 사람과는 거리를 두는 용기도 필요하다.

물론 모든 갈등을 피하자는 뜻은 아니다. 갈등은 관계의 일부이고, 서로를 이해하는 과정이기도 하다. 중요한 것은 어떻게 해결하느냐이다. 진정성 있게 대화하고, 내 생각과 감정을 솔직히 표현하는 것이 시작이다. 그럼에도 상대가 이해하지 못하거나, 애써 맞추어도 나아지지 않는다면 놓아야 할 때도 있다.

모두와 잘 지내려는 노력은 때로 관계의 깊이를 얕게 만든다. 반면 가치관이 맞는 사람과의 관계는 서로에게 쉼이 되고, 지지가 된다. 함께하면서도 편안한 관계, 갈등을 겪더라도 결국 이해로 돌아오는 관계야말로 오래 지속된다. 그런 관계는 우리를 단단하게 만들어 준다.

서로를 쉬게 한다

편안함이 순간적인 만족이라면, 쉼은 마음 깊은 곳까지 쉬게 하는 진정한 휴식이다. 때로 사람을 만나고 나서 이유 없이 피로감을 느낄 때가 있다. 말을 너무 많이 하거나, 상대의 기분에 맞추느라 긴장해야 하는 순간이 그렇다. 그런 만남은 자신을 소진시키고, 관계를 이어갈 힘마저 빼앗는다. 반대로 마음을 있는 그대로 받아주는 사람과 함께 있을 때는 긴장이 풀리고, 내 모습 그대로 머물 수 있다. 좋은 관계는 본래의 나를 인정해 주며, 마음을 편히 쉴 수 있는 공간을 만들어 준다. 하루 종일 긴장 속에서 보낸 직장인은 친구와 마주 앉은 저녁 식탁에서 비로소 숨을 고른다. 대화는 자연스럽게 흘러가고, 친구는 말보다 마음으로 들어준다. 서로의 감정을 나누며 불안과 스트레스를 내려놓는다. 대화는 단순한 이야기의 교환이 아니라, 마음의 짐을 덜고 다시 살아갈 힘을 얻는 과정이다.

좋은 관계는 말이 많지 않아도 편안하다. 함께 있을 때 나답게 있을 수 있고, 굳이 말하지 않아도 마음이 닿는 순간이 있다. 억지로 분위기를 맞추지 않아도 자연스럽게 흘러간다. 침묵 속에서도 어색하지 않고, 함께 있는 그 시간이 쉼이 된다. 서로의 공간을 존중하고, 굳이 무엇을 하지 않아도 괜찮다. 연애든 우정이든 오래된 관계가 편안한 이유는 서로의 부족함을 있는 그대로 받아들이기 때문이다. 연애 초기에 긴장하며 상대에게 맞추던 모습도, 시간이 흐르면 사라진다. 부족한 모습까지 괜찮다고 느껴질 때 비로소 진짜 편안함이 시작된다. 갈등이나 오해가 생겨도 서로를 이해하려는 마음이 있다면, 그 관계는 여전히 따뜻하다.

성장하게 한다

좋은 관계는 단순히 편안함과 휴식을 주는 데서 그치지 않는다. 서로에게 긍정적인 에너지를 주고받고, 진심 어린 격려와 성장의 조언을 나누며 함께 자란다. 지지와 응원을 통해 도전할 용기를 얻고, 부족한 부분을 자연스럽게 채워 나간다. 좋은 관계는 마음에 여유와 편안함을 주는 동시에, 존재만으로도 쉼이 되는 사람이다. 지치지 않도록 곁에서 조용히 힘이 되어주고, 묵묵히 자신을 지켜주는 든든한 존재다.

4.
다름을 인정하며 살아가기

"자신이 틀렸다고 인정하기를 결코 부끄러워하지 말라. 그것은 당신이 어제보다 오늘 더 현명하다는 것을 말해주는 것이기 때문이다."
- 조나단 스위프트

다를 수 있다

우리는 왜 나와 다를까 싶은 순간이 많다. 그건 똑같이 보고, 똑같이 느끼길 바라는 마음 때문이다. 약속 시간보다 미리 도착하는 걸 당연하게 여겨도, 누군가는 5분 늦는 것을 별일 아니라고 생각한다. 이런 작은 차이에서 서운함이 쌓이고, 마음의 거리가 생긴다. 사람은 자라온 환경도, 가치관도, 살아온 방식도 모두 다르다. 다름을 틀림으로 보지 않고 그럴 수도 있지 하고 받아들이면 마음이 훨씬 가벼워진다. 서로의 차이를 이해하지 못하면 오해가 생기지만, 다름을 인정하면 그에 맞게 배려할 수 있다.

다름을 인정한다고 해서 모든 걸 이해해야 하는 건 아니다. 저런 사람이구나 하는 시선만으로도 마음이 한결 편해진다. 모든 차이를 바꾸려 애쓸 필요는 없다. 있는 그대로 받아들이는 것만으로도 관계는 훨씬 덜 힘들어진다. 다름을 인정하려면 내가 틀릴 수도 있다는 사실을 기억해야 한다. 우리의 기억은 언제든 변하고 때로는 왜곡되기도 한다. 내 생각이 맞을 거라 믿었지만, 사실이 아닐 때의 당황스러움은 누구에게나 있다. 내가 틀릴 수도 있겠다는 생각은 관계를 부드럽게 만들고, 마음의 빛을 밝힌다.

"갈등의 싹이 트려고 할 때, 누군가와 맞서게 될 때, 이 주문을 마음속으로 세 번만 반복하세요… 바로 알려드리겠습니다. 내가 틀릴 수 있습니다. 내가 틀릴 수 있습니다. 내가 틀릴 수 있습니다."
- 「내가 틀릴 수도 있습니다」, 비욘 나티코 린데블라드, 다산초당

관계에서 내가 틀릴 수도 있겠다는 생각만 가져도 절반은 성공한 셈이다. 그건 우리의 기억이 완벽하지 않음을 인정하는 것이며, 동시에 상대의 다름을 받아들이는 태도이기도 하

다. 차이를 억지로 바꾸려 애쓰기보다 인정하는 편이 훨씬 현명하다. 상대에게 이해받고 싶다면, 먼저 이해하려는 노력이 필요하다. 다름은 갈등의 원인이 아니라 조율의 출발점이다. 잣대를 잠시 내려놓고 있는 그대로 바라볼 때, 관계는 부드럽고 건강해진다. 다름을 인정한다는 것은 결국 나 또한 인정받을 수 있다는 위로로 돌아온다. 차이를 이해의 시작점으로 삼는 태도야말로 관계를 단단하게 만드는 첫 번째 조율이다.

거리를 조절한다

사람 사이의 거리는 중요하다. 하지만 너무 얽히지 않아도 괜찮다. 적당한 거리에서 서로의 리듬을 존중할 때 관계는 편안해진다. 우리는 많은 사람과 얽히며 살아간다. 가까운 사이일수록 마음은 깊어지고 함께하는 시간도 많아진다. 하지만 좋은 사람이라도 감정과 상관없이 끌려가는 기분이 들 때가 있다. 그럴 때는 아니야, 하고 말할 수 있어야 한다. 바쁘거나 지쳤거나 아무것도 하고 싶지 않은 순간에도 솔직하게 표현할 용기는 자기 존중에서 나온다.

때로는 곁에 있어야 할 때도 있다. 누군가의 위로가 절실한 순간이다. 친구가 힘든 일을 겪고 있을 때 곁에 있어 주는 것만으로도 큰 힘이 된다. 관계의 균형은 무조건적인 희생도, 철저한 선 긋기도 아니다. 상황에 따라 마음의 거리와 온도를 조절할 줄 아는 힘이다. 오늘은 나를 챙기고 싶다고 말할 용기와, 지금 내가 필요하겠구나 하고 느끼는 따뜻한 마음이 함께해야 한다. 우리는 누군가에게 소중한 존재이면서, 동시에 존중받아야 할 존재다. 그렇게 서로를 존중하며 연결될 때, 진짜 편안한 관계가 만들어진다.

서운함을 흘려보낸다

관계는 좋을 때보다 서운할 때 진짜 얼굴을 드러낸다. 말 한마디, 무심한 표정, 챙기지 못한 타이밍 하나에도 마음이 흔들린다. 왜 그렇게 말했지, 나만 신경 쓰는 걸까 하는 작은 서운함이 스치고 지나가면 다행이지만, 마음에 남으면 오해와 거리감을 만든다. 서운함 자체는 자연스러운 감정이다. 문제는 그것을 어떻게 다루느냐다. 남편과 말다툼을 했다. 남편이 원인을 내 탓으로 돌리는 말에 서운했지만, 그냥 넘겼다. 그러나 계속 참는 건 방법이 아니었다. 마음속에 담아 두면 청소하다가도, 설거지하다가도, 잠들기 전에도 떠오른다. 말없이 쌓인 서운함은 관계를 조금씩 멀어지게 한다.

서운함을 흘려보낼 줄 알아야 한다. 흘려보낸다는 건 무시하거나 참는 것이 아니라, 마음이 다치지 않을 만큼 가볍게 놓아주는 일이다. 말할 수 있는 감정은 대화로 꺼내야 편안해진다. 차마 말할 수 없는 서운함이라면 스스로 마음을 다독이면 된다. 그 사람이 부족해서가 아니라, 내가 너무 기대했던 거야. 그럴 수도 있지, 나도 그랬으니까. 이렇게 마음을 돌리면 한결 가벼워진다. 서운한 감정을 모두 안고 살 수는 없다. 필요할 때는 흘려보내고, 때로는 솔직하게 말하는 균형이 필요하다. 흘러야 관계도 숨 쉬고, 쌓인 감정이 벽이 되지 않는다.

5.

함께 있어도
보이지 않을 때

"말은 인간이 사용하는 약 중에서 가장 약효가 세다."

- 루디야드 키플링

함께 있어도 혼자다

같이 있는데도 혼자인 기분이 들 때가 있다. 누구나 한 번쯤 느껴봤을 것이다. 밥도 같이 먹고, TV도 같이 보고, 말도 하는데, 이상하게 마음이 허공에 떠 있는 것 같다. 싸운 것도 아닌데, 특별한 일이 있었던 것도 아닌데, 낯설다. 눈앞에 있는데도 투명 인간처럼 느껴지고, 존재는 있지만 존재감이 없다.

남편과 소파에 나란히 앉아 있다. 한 사람은 드라마를 보고, 한 사람은 스마트폰을 본다. 웃음소리는 드라마 속에서만 들리고, 대화는 음식 배달 메뉴를 정할 때뿐이다. "오늘

뭐 먹지?", "치킨." 잠시 침묵이 흐른다. 대화라 부르기엔 어색하고, 공기만 살짝 무겁다. 왜 이런 기분이 드는 걸까. 아마 익숙함 때문일 것이다. 익숙해지기 전에는 사소한 것도 신기했다. 말투, 웃음소리, 좋아하는 음식, 싫어하는 취향까지 모든 게 새로웠다. 하지만 시간이 흐르면 달라진다. 아, 저건 늘 먹는 거야. 저 말투는 그냥 습관이지. 처음에는 특별했던 것이 어느새 당연해진다. 익숙함은 관계의 온도를 서서히 낮춘다. 상대가 변한 게 아니라, 내가 더 이상 보려 하지 않게 된 것이다. 관계의 온도는 변화보다 태도의 방향에 달려 있다. 이해하려는 마음이 멈추는 순간, 관계는 그 자리에서 식기 시작한다.

익숙함에 가려진다

그럴 때 익숙함을 깨우는 방법은 의외로 단순하다. 눈을 마주치고, 고마움을 전하고, 먼저 말을 걸고, 칭찬하고, 함께 웃는 일이다. 이런 사소한 행동이 익숙함을 흔들고, 관계를 또렷하게 만든다. 사실 상대는 변하지 않았다. 달라진 것은 나의 시선이다. 다르게 본다는 건 새롭게 본다는 뜻이다. 익숙함에서 벗어나 다른 각도로 바라보면, 상대에게 새로움을 기대하기보다 자신의 시선을 바꾸는 편이 훨씬 빠르다. 무관심은 대화를 메마르게 하고, 관심은 마음의 물길을 튼다. 조금만 다르게 바라보면, 관계는 금세 따뜻해진다.

> "무관심이 가장 재미없는 것입니다. 하려고 노력해 보지도 않은 채, 세상이 재미없다고 결론 내리고 징징 짠다면 재미는커녕 보기도 흉하게 됩니다." - 『미안해 고마워 사랑해』, 신달자, 문학의문학

편안함이 쌓이면 관심은 게을러지고, 어느새 서로가 투명 인간처럼 느껴지기도 한다. 하지만 익숙함은 언제든 깨울 수 있다. 새롭게 보려는 마음만 있다면 관계는 다시 선명해진다. 작은 관심과 표현이 관계를 숨 쉬게 하고, 다시 따뜻하게 되살린다.

말을 꺼내야 보인다

말을 아끼는 건 이해할 수 있다. 하지만 말을 멈추면 마음도 닫힌다. 함께 있지만 각자 휴대폰만 보는 저녁, 같은 공간에 있어도 서로 다른 공기가 흐른다. 피곤하겠지, 굳이 말을 꺼내 분위기를 흘릴 필요는 없잖아. 그런 배려 섞인 침묵은 오히려 상대를 외롭게 만든다. 말이 없다고 꼭 불편한 건 아니지만, 아무 말도 없을 때 문득 서운함이 밀려오기도 한다.

감정을 표현하지 않으면 묘한 거리가 생기고, 결국 서로에게 잘 보이지 않는 존재가 된다.

 보이지 않는다는 것은 다시 보려 하지 않는다는 뜻일지도 모른다. 눈을 맞추고, 이름을 불러주고, 요즘 어때 하고 묻는 일. 그 작은 행동이 관계를 되살리는 시작이다. 침묵은 언제부터 불편해졌을까. 작은 오해 하나에서 비롯되었을지도 모른다. 처음에는 아무렇지 않았던 말 없는 시간이 길어질수록, 그 안에 어색함이 자란다. 괜찮다고 말했지만, 숨은 진심은 읽히지 않는다. 쌓인 침묵은 어느새 거리감으로 굳어진다.

 침묵이 길어지면 감정은 마음속에 쌓이고, 부족한 대화는 오해와 불편함으로 이어진다. 눈빛과 행동, 말 없는 시간 속에서 불편함은 더욱 또렷해진다. 이를 넘어서는 방법은 생각과 감정을 솔직히 꺼내놓는 것이다. 처음에는 어색해도 괜찮다. 왜 말을 안 해, 내가 뭘 잘못했어? 그 단순한 한마디가 마음을 여는 첫걸음이 된다. 침묵 속에서 싸움이 자라게 두기보다, 침묵을 깨는 용기 있는 한마디가 훨씬 낫다. 서툴더라도 다가가려는 그 한 걸음이 불편한 침묵을 넘어서는 길이다.

말하지 않으면 멀어진다

침묵은 소통을 미루면서 생겨난 결과다. 감정이 쌓이면 작은 오해가 커져, 큰 문제로 번질 수 있다. 이를 피하려면 자신의 생각을 말하고, 상대의 마음을 들으려는 태도가 필요하다. 그 과정만으로도 불편한 침묵을 넘어 이해의 기회를 만들 수 있다. 사람들은 종종 오늘은 피곤하니까 말하지 말자고 생각하며 감정을 숨긴다. 처음에는 작은 배려처럼 느껴지지만, 그 빈자리에 불안과 오해가 자리 잡는다. 대화 없이 의문이 쌓이면, 감정은 밖으로 나오지 못하고, 안에만 머문다. 쌓인 감정은 불편함이 되고, 불편함은 두 사람 사이의 거리를 멀어지게 만든다. 침묵의 시간은 필요하다. 하지만 그 자체가 관계를 지배하게 해서는 안 된다. 침묵은 양면성을 지닌다.

"우리 입속의 이 혀를 무엇에 비교하면 좋을까? 그것은 보물 창고의 열쇠이다. 문이 닫혀 있을 때는 안에 무엇이 있는지 아무도 알 수 없다. (사디)" - 『인생이란 무엇인가 2』, 톨스토이, 동서문화사

침묵이 유익할 때가 있듯, 자유로운 말도 대화에서는 중요한 가치를 지닌다. 감정을 꺼내놓으면, 상대의 마음이 선명

하게 보인다. 사소한 이야기조차 서로를 이해하는 기회가 된다. 처음에는 어색할 수 있지만, 대화를 쌓아갈수록 관계는 점점 유연해진다. 침묵 속에 쌓였던 감정도, 대화를 통해 풀 수 있다. 작은 이야기 하나가 큰 힘이 된다. 마음을 열고 솔직해지는 순간, 공감과 이해가 찾아온다.

침묵을 깬다

침묵을 깨는 용기는 관계를 회복하는 첫걸음이다. 갈등 상황에서 먼저 말을 꺼내는 것이 자존심이 상할까 봐 망설일 수 있지만, 결코 지는 일이 아니다. 자신의 감정과 생각을 솔직히 나누는 것은 용기이자 관계를 회복하는 기회다. 자존심을 지키려 침묵을 택하면 오해와 불안이 쌓이고, 작은 갈등도 쉽게 커진다. 반대로 먼저 말을 건네면 문제를 풀고, 관계를 바로잡을 기회를 만들 수 있다. 겉으로는 지는 것처럼 보여도, 사실 관계를 이끄는 진정한 승리다.

먼저 말을 꺼내는 태도는 포용을 보여주는 행위이자, 관계의 윤활유가 된다. 누구나 자신의 감정을 이해받고 싶어 한다. 이해의 출발점이 대화이며, 그 대화를 이끌어내는 사람이 관계에서 중요한 역할을 한다. 이런 사람은 갈등을 회피하지 않고 해결책을 찾는 리더십을 발휘한다. 리더십이란 상대를 끌어주고 소통하는 힘이다. 먼저 대화를 시작하는 사람은 관계의 주도권을 가진 사람이다. 침묵을 깨는 것은 자존심을 잃는 일이 아니라, 관계를 더 깊게 만드는 행위다. 나은 방향으로 만들고 싶다면, 먼저 말을 꺼내는 용기가 필요하다.

6.

내 안의 그림자도 사랑하기

"사는 것이 버거운 것은 자기 자신이 되지 못하기 때문이다."

- 카를 융

나를 안아준다

관계에 힘을 쏟느라 정작 중요한 존재를 잊곤 한다. 바로 나 자신이다. 하루 종일 수많은 메시지에 답하면서도, 정작 자신에게는 한마디도 묻지 않는다. 오늘 괜찮아? 지금 기분 어때? 가장 오랜 시간을 함께하는 존재인데 정작 가장 낯설게 느껴진다. 자신을 돌보지 않으면 어떤 관계도 오래가기 어렵다. 자신과 친해지는 것이야말로 삶의 방향을 바꾸는 첫걸음이다.

자신을 사랑해야 관계도 편안해진다. 커피를 마시며, 산책을 하며, 지금 내가 좋아하는 걸 하고 있구나 하고 스스로에게 말해준다. 혼자만의 시간을 의식적으로 마련한다. 사람들이 나를 대하는 태도는 결국 내가 나를 어떻게 대하느냐에 달려 있다. 자신을 좋아하면 얼굴에 드러난다. 말투가 부드러워지고, 눈빛이 편안해지며, 누구를 만나도 자신을 숨기지 않아도 괜찮아진다.

나와 가까워진다

관계가 힘든 이유는 타인 때문이 아니라, 어쩌면 자신과 멀어졌기 때문일지도 모른다. 나와 가까워져 보자. 그것이 모든 관계의 시작이다. 자신과 편안해질수록, 세상과도 부드럽게 연결된다. 자신을 사랑한다는 것은 예쁜 면만 보는 것이 아니다. 괜찮은 척, 멋진 척하는 나뿐 아니라 어설프고 미운 모습까지 받아들이는 일이다. 그게 진짜 자존감이다. 우리는 종종 자존감을 당당함이나 성취와 혼동한다. 무언가를 잘 해냈을 때, 누군가에게 인정받았을 때만 괜찮다고 느낀다면, 그건 자존감이 아니라 조건부 마음이다. 진짜 자존감은 이유 없이 나를 좋아해 주는 마음이다. 못났을 때도, 실수했을 때도, 마음이 뒤죽박죽일 때도, "괜찮아, 그럴 수 있어." 이렇게 말해줄 수 있는 마음, 그것이 바로 자신을 지켜주는 힘이다.

내 그림자와 친해진다

내 안의 그림자를 사랑하게 되면 삶이 달라진다. 꾸미지 않아도, 애써 좋은 사람인 척하지 않아도 마음이 편하다. 누군가 자기를 싫어해도 흔들리지 않고, 칭찬해도 들뜨지 않는다. 있는 그대로의 나를 인정하기 때문이다. 못난 내 모습을 품을 수 있을 때, 타인의 부족함을 이해할 수 있다. 내 안의 그림자를 받아들일수록 남을 판단하는 마음은 줄고, 이해하는 마음은 자란다. 자신과 친해지려면 먼저 스스로를 신뢰해야 한다. 자기에 대한 믿음이 단단해질수록 마음도 흔들리지 않는다.

> "자기 자신에 대한 믿음이 강해질수록 그만큼 내면의 확신도 높아지며, 패배를 하더라도 이를 받아들이고 결국 극복해 낼 수 있다."
> - 『내 안의 그림자 아이』, 슈테파니 슈탈, 쌤앤파커스

감정이 올라올 때 밀어내지 말고 그저 바라보는 연습이 필요하다. 질투도, 외로움도, 두려움도 모두 진짜 마음이다. 어쩌면 감정은 자신을 지키기 위해 나타난 신호일지도 모른다.

그렇다면 고맙다고 말할 수도 있지 않을까. 자신을 인정하는 일은 삶을 바꿔놓는다. 혼자 있어도 외롭지 않은 순간이 생기고, 이대로도 괜찮다는 느낌이 쌓이면 마음은 덜 흔들린다. 사랑받고 싶다면 먼저 사랑하자. 존중받고 싶다면 먼저 존중하자. 우리가 자신을 대하는 태도는 결국 세상이 우리를 대하는 방식으로 돌아온다.

내 안의 아이를 안아준다

어른이 되었다고 해서 마음까지 다 자란 것은 아니다. 겉으로는 직장에 다니고, 말도 어른스럽게 하지만, 마음속 어딘가에는 여전히 어린아이가 있다. 누군가의 말에 괜히 상처받고, 혼자 걱정에 빠지거나, 별일 아닌데도 눈물이 핑 돌 때가 있다면, 그것은 내 안의 아이가 살아 있다는 증거다. 심리학에서는 이 아이를 '내면 아이(inner child)'라고 부른다. 어쩌면 그 아이는 어릴 적 받지 못한 이해와 위로를 지금도 바라고 있는지도 모른다.

내면 아이에게는 두 얼굴이 있다. 하나는 햇빛 아이. 사랑받고 인정받으며 웃음 속에서 자란 아이다. 이 아이는 세상을 믿고, 무언가에 몰입하고 기뻐할 줄 아는 건강한 마음을 지녔다. 또 하나는 그림자 아이. 두려움과 외로움, 슬픔과 압박을 경험했던 아이. 그림자 아이는 속삭인다. 나 너무 힘들어. 왜 아무도 나를 이해해 주지 않아. 나는 잘하고 있는 걸까. 이 목소리를 외면할수록 그림자 아이는 더 크게 운다. 우리는 어른의 얼굴로 살아가지만 속으로는 여전히 아이처럼 흔들리고 있는 것이다. 그래서 가끔은 괜찮은 척을 멈추고 그 목소리에 귀 기울일 필요가 있다.

그림자 아이의 감정은 대부분 불안과 두려움에서 비롯된다. 어린 시절 긴장했던 순간, 혼났던 기억, 외면당했던 경험이 지금도 마음을 붙잡고 있는 것이다. 그래서 누군가 화를 내면 내가 뭘 잘못했나부터 떠오르고, 칭찬을 받아도 진짜 나를 알고도 저렇게 말할까 하는 의심이 앞선다. 그림자 아이는 여전히 묻고 있다. 나는 괜찮은 사람일까. 이럴 때 가장 먼저 들어야 할 말은, 스스로에게 건네는 한마디다. "그래, 괜찮아." 이 짧은 말은 울고 있는 아이를 꼭 안아주는 것과 같다. 반복할수록 마음속에 새로운 길이 조금씩 열린다.

내 안의 그림자를 다정히 만나다

내 안의 그림자도 다정하게 보듬는 것이 자존감을 회복하는 길이다. 중요한 것은 그림자에게 자신의 강점을 일깨워주는 일이다. 늘 부족하다고 생각하기보다, 나는 이런 걸 잘한다고 적어보자. 작은 것도 괜찮다. 말을 따뜻하게 한다거나, 사람 이야기를 잘 들어준다거나, 끝까지 책임지려는 성격 같은 것들 말이다. 이는 단순한 칭찬이 아니다. 잊고 지냈던 자신의 힘을 다시 꺼내주는 과정이다. 내면의 상처는 때때로 현재의 삶 속에서도 불쑥 모습을 드러내 이유 모를 감정에 휩쓸리게 한다. 그럴수록 과거의 자신과 현재의 자신을 분리해서 바라보는 시선이 필요하다. 시선을 바꾸면 마음의 방향도 달라진다.

"상처의 경험을 도식적으로 가해자와 피해자에 고정하지 않고, 상처받을 당시의 자신과 현재의 자신으로 분리해서 보아야 합니다." - 『가족 공부』, 최광현, EBS한국교육방송공사

그대로의 자신은 충분하다는 믿음이 중요하다. 우리는 자꾸 누군가가 되어야 한다는 압박을 받는다. 더 멋진 사람, 더 착한 사람, 더 괜찮은 사람이 되어야 한다고 생각한다. 하지만 가장 편안한 삶은 지금 이대로도 괜찮다는 마음에서 시작된다. 자신을 괜찮다고 느낄 때, 남의 시선이 자신을 흔들 수

없다. 조금 실수해도 괜찮고, 조금 무기력해도 스스로를 미워하지 않는다. 자신의 그림자를 품을 줄 알게 되면, 다른 사람의 그림자도 이해할 수 있다. 누군가 날카롭게 굴어도, 그 안에 불안한 아이가 있음을 떠올릴 수 있다. 굳이 함께 날카로워질 필요는 없다. 자존감은 "나는 이대로 괜찮다"라고 말할 수 있는 힘이다. 잘해야만 괜찮은 것도, 사랑받아야만 괜찮은 것도 아니다. 있는 그대로도 괜찮다고 믿을 때, 우리는 자신과 잘 지낼 수 있다.

7.

마음이 흐르려면
간격이 필요하다

"아무리 가까운 길이라도 가지 않으면 닿지 못하고, 아무리 쉬운 일이라도 하지 않으면 이루지 못한다." - 채근담

관계는 통로다

우리는 관계 속에서 살아간다. 감정과 말, 행동은 상대를 향하고, 상대의 마음도 우리에게 흘러온다. 관계를 망치는 건 통로가 막히거나 넘칠 때다. 서로의 마음이 오가는 길이 막히면 고립되고, 지나치게 침범하면 부담이 된다. 중요한 건 적당한 거리다. 관계는 집처럼 고정된 구조가 아니다. 매일 같이 머물러야만 유지되는 것도, 한 번 쌓아두면 그대로 있는 것도 아니다. 관계는 길이고 서로의 마음을 오가는 통로다.

통로는 눈에 보이지 않는다. 말 한마디, 표정 하나, 툭 던

진 메시지에 실려 흐른다. 바쁜 하루 속 무심코 지나친 순간이 통로를 넓히기도 하고 좁히기도 한다. 예를 들어 회사에서 힘든 하루를 보내고 집에 돌아왔는데, 가족이 건넨 첫 마디가 "왜 그렇게 늦었어?"라면 마음이 철컥 닫힌다. 피곤한 몸에 괜히 짜증이 나고, 식탁의 분위기도 냉랭해진다. 반대로 "오늘 많이 피곤했겠다. 저녁은 먹었어?"라는 말 한마디가 있다면 마음이 스르르 열린다. 피로가 덜어지고, 무심히 앉은 식탁에도 온기가 돈다. 말 한마디가 통로를 막기도 하고, 활짝 열기도 한다.

통하지 않으면 가까이 있어도 멀고, 멀리 있어도 통하면 가깝다. 요즘 예전 같지 않아서 말 걸기도 조심스러워. 이런 말이 오갈 때, 통로에는 이미 이물질이 낀 상태다. 쌓인 감정이나 풀리지 않은 서운함이 마음의 길을 막는다. 시간이 지나면 사라질 것 같지만, 오히려 더 단단해져 흐름을 막는다. 관계를 회복하는 힘은 큰 선물이나 이벤트에서 오는 것이 아니라, 일상의 작은 진심에서 비롯된다.

흘러야 열린다

하루에도 수많은 관계의 통로를 오간다. 어떤 길은 좁아

조심스럽고, 어떤 길은 넓고 시원하다. 통로는 일방통행이 아니다. 혼자만 말을 보내거나 한쪽만 계속 받아주면 결국 막히게 된다. 흔히 이렇게 말한다. 나는 다 해줬는데, 상대는 너무 무심해. 내가 너무 맞춰줬더니 당연하게 여겨. 이런 관계는 통로가 아니라 일방통행이다. 주는 사람은 지치고, 받는 사람은 무뎌진다. 건강한 관계는 주고받을 수 있어야 한다. 말뿐만 아니라 관심, 존중, 배려가 함께 오가야 한다. 일상에서 통로를 관리하는 방법은 생각보다 간단하다. 문자 한 통으로 오늘 어땠어, 식사 후에 맛있었어, 하루를 마무리하며 수고했다고 전하면 마음이 흘러 서로에게 닿는다. 특별한 표현이 아니어도 괜찮다. 중요한 것은 마음을 흘려보내는 것이다. 관계는 유지하는 것이 아니라 흐르는 것이다.

잊지 말아야 할 사실이 있다. 나와 나 사이에도 통로가 있다. 스스로의 감정을 외면하고 억누른 채 바깥에만 마음을 주면, 나와의 통로도 막혀버린다. 통로는 타인과 통하는 길이자, 나와 통하는 길이기도 하다. 나 아닌 것에 집착하기보다, 나인 것에 집중해야 한다. 나와 나 아닌 것을 구분하는 일은 자아의 경계를 세우는 것이자, 관계의 교류가 일어나는 통로를 열어주는 일이기도 하다.

"건강한 바운더리를 가진 사람은 굳이 거리를 두려고 애쓰지도 않고 자신을 속이거나 희생하며 인간관계를 맺지도 않는다."

- 『관계를 읽는 시간』, 문요한, 더퀘스트

거리를 조절한다

건강한 관계는 거리를 두는 것이 아니라, 거리를 조절하는 것이다. 어떤 사람은 상처받기 싫어 일부러 멀어지고, 또 어떤 사람은 사랑이라는 이유로 너무 가까이 다가간다. 조금만 여유를 바라는 사람도 있고, 다가가고 싶어 하는 사람도 있다. 각자에게는 나름의 거리감이 존재한다. 좋은 관계는 차이를 인정하고, 서로의 간격을 조율하는 데서 시작된다. 좋았던 것은 받아들이고, 불편했던 것은 걸러낼 수 있는 유연한 거리가 필요하다.

코로나 이후 거리두기라는 말은 익숙해졌다. 사람 사이에 1미터, 2미터 간격을 두듯, 관계에서도 거리두기가 자연스러워졌다. 하지만 거리두기는 잠시 떨어져 있는 것이고, 거리 조절은 서로의 속도를 맞춰가며 간격을 조율하는 일이다. 겉으로는 비슷해 보여도, 마음의 움직임은 확연히 다르다.

회사에서 흔히 겪는 일이다. 매번 부탁만 하던 동료가 어느 순간 그만 좀 해줬으면 하는 마음에 톡을 씹고, 말이 짧아졌다면 그것은 거리두기다. 반대로 이번에는 내가 바빠서 힘들 것 같아, 다음에 도와줄게라고 말하면, 서운할 수도 있지만 관계는 유지된다. 거리 조절은 거절이 아니라, 관계를 지키면서 자신을 보호하는 방법이다.

숨 쉴 틈이 필요하다

친구 관계도 마찬가지다. 좋은 친구는 자주 연락하지 않아도 어색하지 않고, 각자의 공간을 존중해준다. "요즘 바쁘지? 나중에 시간 날 때 보자." 이런 말이 오가는 사이가 편하다. 하지만 너무 멀어지면 거리두기가 되고, 마음까지 멀어지면 돌아가기 어렵다. 때로는 톡 한 줄, 밥 한 끼 제안이 관계를 이어주는 거리 조절이 된다.

연인 사이에서도 거리 조절은 필수다. 하루 종일 연락하고 기분까지 실시간으로 확인하는 커플은 처음에는 친밀해 보여도 오래 가지 못한다. 숨 쉴 틈이 없기 때문이다. 오늘은 좀 쉬고 싶어. 이 한마디를 이해해주는 관계가 건강하다. 거리를 두는 것이 아니라, 서로에게 여백을 주는 일이다.

가족도 예외는 아니다. 부모와 자식 사이에도 적당한 거리가 필요하다. 부모가 자식의 모든 일을 알고 싶어 하면 답답하다. 늦게 들어온 이유를 묻기보다, 오늘 하루가 어땠냐고 물어보는 것이 부드러운 관계를 만든다. 서로 적절한 거리에서 바라볼 때 관계는 오래간다.

마지막은 자신과의 거리다. 우리는 종종 스스로를 몰아붙인다. 이 정도도 못해. 왜 이렇게 무기력하지. 이런 말 대신 한발 물러서서 스스로를 바라봐야 한다. 지금 이만큼 한 것도 잘한 거야. 조금 쉬어도 괜찮아. 스스로를 다독이는 연습이 타인과의 거리도 건강하게 만든다.

거리두기는 피하기이고, 거리 조절은 살피기다. 무작정 멀어지는 것은 쉽지만, 가까이 있으면서도 불편하지 않게 지내는 것은 어렵다. 좋은 관계는 항상 함께 있는 사이가 아니라, 적당한 거리에서 편안한 사이다. 너무 멀지도, 너무 가깝지도 않게 그 균형을 맞추는 것이 진짜 거리 조절이다.

3장

불필요한 것을
덜어내며 산다

단순함은 비움에서 끝나지 않는다.

필요한 것을 채우는 데서 완성된다.

고독한 시간은 자신을 열심히 돌보는 시간이다.

그 끝에서 단단하고 멋진 자신으로 다시 나설 수 있다.

1.

버리지 않으면 지배당한다

"내게 불필요한 물건이 왜 이렇게 많을까?"

- 소크라테스

물건이 아니라 마음이 쌓였다

 일상은 수많은 것으로 둘러싸여 있다. 집 안의 물건, 직장의 업무, 사람과의 관계까지 포함된다. 하루를 바쁘게 보내다 보면 어느 순간 이런 것이 부담으로 다가온다. 정리되지 않은 서랍 속에는 몇 년 동안 손대지 않은 물건이 있다. 공간만 차지할 뿐, 우리의 에너지를 조금씩 갉아먹는다. 불필요한 것이 쌓일수록 마음의 압박감도 커진다. 처음에는 필요하거나 의미 있었던 물건도, 시간이 지나면 쓰지 않은 채 잡동사니가 된다. 언젠가 필요하겠지 하며 모아둔 메모지, 비닐봉지, 빈 상자가 어느새 방 한구석을 채운다. 손대지 않은 채

쌓여만 가는 물건은 결국 우리의 생각과 마음까지 무겁게 만든다. 어느 날 책상 정리를 하다 문득 놀랐다. 언제 이렇게 많아졌지. 주변을 둘러싼 잡동사니가 어느새 내 삶의 일부가 되어버린 순간이었다. 잡동사니는 단순히 물건의 문제가 아니다. 그것은 삶의 방향을 다시 세우는 일이다.

보이지 않아도 마음을 짓누른다

잡동사니는 단순히 물리적 공간만 차지하는 것이 아니다. 보이지 않게 마음의 공간까지 차지한다. 필요 없다고 생각한 물건이 집이나 사무실 곳곳에 자리 잡고 있으면, 모르는 사이에 스트레스와 부담이 쌓인다. 정리되지 않은 물건을 볼 때마다 불안감이 밀려오고, 마음이 어지럽거나 괜히 짜증이 나기 쉽다. 잡동사니는 공간뿐 아니라, 우리의 시간과 에너지도 빼앗는다. 물건 하나하나는 대수롭지 않지만, 그것들이 쌓여 만들어낸 풍경을 마주하는 순간 삶이 눌리기 시작한다. 정리하지 않으면 그 무게는 점점 커지고, 결국 마음의 여유까지 잠식한다.

버림은 잃음이 아니라 회복이었다

"여기 블라인드 새로 다는 김에 베란다 쪽 잡동사니도 정리하셔야겠네요." 시공업자의 말에 잠시 멈칫했다. 평소에도 정리해야지 하면서 미뤄왔는데, 블라인드 교체가 마침내 계기가 된 것이다. 하나씩 꺼내본 베란다의 물건은 대부분 아이와 관련된 것들이었다. 유치원 때 그린 그림, 색종이로 접은 동물, 미술대회 상패, 초등학교 상장까지. 그때는 하나하나가 귀한 추억이었지만, 지금 보니 먼지와 함께 켜켜이 쌓여 있었다.

"아, 이거 다 아이 거예요? 우리 집도 예전에 그랬죠. 근데 다 버렸어요. 정리하고 나니까 속이 다 시원하더라고요." 업자의 말에 웃었지만 마음 한편이 찔렸다. "버리니까 허전하진 않으셨어요?", "잠깐은 그렇죠. 근데 그다음부터는 베란다 문 열 때마다 기분이 달라요. 공간이 생기니까 마음도 여유로워지더라고요." 그 말이 유난히 마음에 남았다. 아까워서, 미련이 생겨서 버리지 못했던 것들이 공간과 마음을 동시에 꽉 채우고 있었다는 걸 깨달았다. 잡동사니가 집 안 구석에 쌓이다가 어느새 삶을 지배하고 있었던 것이다.

그날 저녁, 아이가 쓰던 물건을 정리하기로 결심했다. 아쉬움은 사진으로 남겼다. 이제 실물을 붙잡을 필요는 없었다. 처음에는 손이 잘 가지 않았지만, 하나를 버리자 다음 물건에도 자연스레 손이 갔다. 생각보다 아무렇지 않았다. 오히려 마음이 가벼워졌다. 모든 정리를 마친 뒤 베란다 문을 열었을 때, 공간이 시원하게 느껴졌다. 답답해서 닫아두었던 자리에는 햇빛과 바람이 드나들었다. 물건이 차지하던 자리는 여유로 채워졌다.

언젠가를 버리고 지금을 살다

한 번은 책장 구석에서 오래된 박스 몇 개를 발견했다. 처음에는 무슨 박스인지 기억나지 않았다. 조심스레 열어보니, 예전에 책을 읽으며 적어둔 메모지였다. 책을 읽으면서 떠오른 생각, 밑줄 친 문장, 꼭 기억해 두고 싶었던 짧은 글귀들. 그때는 너무 소중해서 따로 모아두었던 흔적이었다. 하지만 지금 보니 색이 옅어지고 종이가 퇴색해, 어딘가 너저분해 보였다. 메모지를 들고 한참을 앉아 있었다. 왜 이걸 계속 쥐고 있었을까, 문득 그런 생각이 들었다.

아마 그 박스는 그 시절의 나에게 기억의 보관함이었을 것이다. 기억은 살아 있는 동안 덧붙여지고, 지워지고, 또 바뀐다. 지금의 나는 그때의 메모가 없어도 충분히 살아왔고, 새로운 생각으로 매일을 채우고 있다. '언젠가'라는 말이 우리를 자주 붙잡는다. 언젠가 읽어야지, 언젠가 정리해야지, 언젠가 필요할지도 몰라. 그렇게 미루는 사이, 물건은 잊히고 마음은 복잡해지며, 공간은 점점 막힌다. 정작 언젠가는 오지 않고, 미뤄둔 일은 결국 부담으로 돌아온다.

결국 메모지를 정리했다. 중요한 건 이미 내 안에 녹아 있을 거라 믿기로 했다. 박스를 하나 비웠을 뿐인데 마음이 훨씬 가벼워졌다. 물건을 버린 게 아니라, 오래된 생각을 내려놓은 기분이었다. 그날 이후로 기준을 조금 바꾸기로 했다. 언젠가를 위한 저장보다는 지금을 위한 선택. 지금 읽지 않는 책, 지금 쓰지 않는 물건, 지금 떠오르지 않는 기억은 놓아주는 연습이 필요하다. 언젠가 필요할 것 같지만 지금 필요 없다면, 아마 앞으로도 그럴 확률이 높다. 그 사실을 받아들이는 데 필요한 건 거창한 결심이 아니라, 아주 작은 용기 하나뿐이다.

비움에도 연습이 필요하다
버리기 위해 필요한 4가지

1. 결단력

버린다는 것은 결국 선택의 문제다. 이 물건이 내 삶에서 어떤 역할을 하는지를 기준으로 판단해야 한다. 예전에는 의미 있었을지라도, 지금 쓰이지 않는다면 그것은 짐이다. 언젠가가 아니라, 지금 필요한가를 기준으로 삼을 때 정리가 시작된다. 결단은 순간이지만, 그 선택이 만든 여백은 오래간다.

2. 용기

버린다는 것은 단순히 공간을 비우는 일이 아니다. 과거의 시간, 감정 그리고 사람과의 작별이기도 하다. 익숙한 것과 이별하는 일은 언제나 두렵지만, 그 자리에 새로운 가능성이 들어온다. 놓는 용기는 나를 앞으로 나아가게 하는 첫걸음이다.

3. 정직함

비싸서, 누가 줘서, 언젠가 쓸지도 몰라서 남겨둔다는 말은 대부분 자기합리화다. 사실은 미련과 습관이 그 자리를 지키고 있을 뿐이다. 왜 남기려 하는지를 솔직히 들여다볼 때, 비로소 진짜 정리가 가능하다. 정직함은 버림의 출발점이다.

4. 현재를 바라보는 시선

정리는 과거를 지우는 일이 아니라, 현재를 위한 여백을 만드는 일이다. 지금의 나에게 필요한 것, 나를 편안하게 하는 것에 집중해야 한다. 빈 공간이 생기면 그 안에 여유와 새로움이 들어온다. 이걸 버려도 될까가 아니라 이걸 계속 들고 가야 할까를 스스로에게 물어보자. 그 질문에 고개를 젓는다면, 이제 놓을 때다.

2.

소유보다 경험을 추구하라

> "같은 물건을 오래도록 바라보면 눈이 흐려져 결국 아무것도 보이지 않게 된다. 그와 마찬가지로 한 가지 일만 계속해서 생각하면 오히려 이해하기 어려운 경우가 있다." - 쇼펜하우어

가진다는 것은 피로하다

처음에는 소유가 안정처럼 느껴진다. 집, 자동차, 전자제품, 옷, 그릇, 생활용품. 이 정도면 괜찮다는 안도감이 찾아온다. 문제는 그다음이다. 더 큰 집, 더 좋은 차, 더 새로운 물건이 필요해진다. 유지비는 늘고 관리에도 손이 많이 간다. 고장이나 파손은 곧 스트레스로 이어진다. 가졌다는 사실이 편안함보다는 책임과 불안을 안긴다. 소유는 어느새 기쁨이 아닌 의무가 된다.

많이 가지는 것이 멋이라고 생각한다. 옷장은 터질 듯 옷으로 가득하고, 날씨에 따라 신발이 달라진다. 여행용 가방은 크기별로, 핸드백은 계절별로, 주방에는 한 번도 쓰지 않은 전자기기가 줄지어 있다. 보기에는 풍요롭지만, 물건은 자꾸 어질러지고 청소는 점점 버겁다. 필요한 걸 꺼내려다 어디에 뒀는지 잊어버리고, 새로 산 물건이 무엇이었는지도 기억나지 않는다. 풍요로워 보이지만, 실상은 혼란이다.

문득 생각한다. 이 모든 걸 정말 쓰고 있는 걸까, 아니면 그냥 가지고만 있는 걸까. 물건을 가진다는 건 안심이 되기도 하지만, 동시에 무거운 책임이 따른다. 많아지면 먼지를 닦아야 하고, 수납을 고민해야 하며, 고장이 나면 고치거나 버려야 한다. 안 쓰는 물건을 그냥 두어도 괜히 죄책감이 든다. 언젠가 쓰겠지 하고 모셔두지만, 그 언젠가는 좀처럼 오지 않는다.

소유에는 늘 유지의 책임이 뒤따른다. 차를 갖게 되면 주차 걱정부터 정기 점검, 보험료, 세금, 기름값까지 챙겨야 한다. 집도 마찬가지다. 관리비, 수리, 청소, 정리, 인테리어까지 손이 간다. 많이 가질수록 편해질 거라 믿었지만, 현실은 정반대다. 물건이 많을수록 집은 좁아지고, 마음은 피곤해진다. 옷이 많으면 많을수록 입을 옷이 없다는 말처럼, 가진다는 것은 때로 피로가 된다.

더 갖는 삶이 더 좋은 삶일까?

SNS는 피로를 부른다. 휴대폰을 들여다볼수록 마음은 더 흔들린다. 누군가의 차, 집, 가방, 가전이 피드에 올라올 때마다, 새로 가져야 할 것 같은 기분이 든다. 안 가지면 뒤처진 것 같고, 못 가지면 초라해진다. 안 사도 될 걸 사면서 스스로를 달랜다. 카드값은 늘어나고, 마음은 가벼워지지 않는다. 사실 필요한 건 그리 많지 않다. 매일 입는 옷은 손에 잡히는 몇 벌이고, 자주 먹는 음식도 익숙한 몇 가지뿐이다. 삶을 꾸려나가는 데 중요한 건 단순하다. 그럼에도 우리는 더 많이 가지는 것이 더 잘 사는 것이라는 착각 속에서, 쓰지 않아도 될 에너지와 돈, 시간을 낭비한다. 많이 가졌다는 건 어쩌면 마음이 불안하다는 신호일지도 모른다. 비워도 괜찮다는 걸 알지 못해, 잃을까 두려워 자꾸만 쌓아두는 것이다.

안정은 물건에서 오지 않는다. 경험과 관계, 자신에 대한 신뢰에서 비롯된다. 소유는 잠시의 기쁨일 수 있지만, 곧 부담이 된다. 반면 경험은 순간의 설렘이지만, 오래도록 남는다. 많이 가진 삶은 화려하지만 복잡하고, 덜 가진 삶은 단순하지만 평화롭다. 그렇다면 무소유가 답일까. 무소유란 단순히 아무것도 가지지 않는 상태가 아니다. 채워도 비워도 흔들리지 않는 자유, 그것이 진짜 무소유다. 결국 중요한 것은 무엇을 가지느냐보다, 무엇에 마음을 두느냐.

"무엇인가를 소유한다는 것은 한편으로는 소유를 당하는 것이며, 무엇인가에 얽매인다는 뜻이다."

- 『살아 있는 것은 다 행복하라』, 법정, 위즈덤하우스

소유보다 경험이 남는다

설레던 순간을 떠올린다. 친구와 새벽까지 나누던 이야기, 비 오는 날 마신 따뜻한 커피 한잔, 아무것도 가지지 않아도 충만했던 시간들. 가진 것이 사라져도 그때의 경험은 여전히 남아 있다. 오래도록 남는 것은 대부분 눈에 보이지 않는다. 사진으로 남기지 않아도, 자랑할 일이 없어도, 그 순간 웃었고 울컥했으며, 살아 있음을 느꼈다. 누군가 건넨 진심의 말 한마디, 길가에서 우연히 마주친 노을, 예상치 못한 칭찬, 그 모든 순간은 소유가 아닌 경험으로 마음속에 남는다.

좋아하는 사람과 함께 걷던 여행지의 기억은 해가 바뀌어도 선명하다. 예전 같으면 새 옷이나 예쁜 소품을 샀겠지만, 지금은 친구와 밥을 먹고 대화를 나누는 시간을 선택한다. 그런 시간이 오히려 마음의 평온이 된다. 특별하거나 거창한 경험일 필요도 없다. 혼자 카페에 앉아 책을 읽는 시간, 공원 벤치에서 햇살을 받으며 듣는 노래 한 곡, 마트까지 산책하듯 걷는 여유, 이런 소소한 순간들이 하루를 다르게 만들고, 마음을 단단하게 채워준다.

살면서 기억에 남는 날을 떠올려보면 공통점이 있다. 비싸지 않고, 거창하지 않지만, 마음이 움직였다는 것이다. 흐린 날 산책을 하던 어느 날, 비가 쏟아질 듯해 우산을 들었다. 예상대로 빗방울이 떨어지고, 바람이 불어 우산은 소용없었다. 발은 흙탕물에 젖고, 옷도 축축해졌지만 이상하게 기분이 나쁘지 않았다. 혼자만의 시간이 오히려 행복했다. 그날의 공기, 냄새, 온기까지 지금도 또렷하다. 그때의 감정이 여전히 따뜻한 이유는, 경험은 사라지지 않고 마음의 기억으로 남기 때문이다.

오래 남는 것은 눈에 보이지 않는다

 물건은 시간이 지나면 낡고, 고장 나고, 유행이 바뀐다. 처음에는 소중했던 것도 어느새 방 한쪽 구석에서 먼지를 뒤집어쓴 채 남는다. 반면 경험은 시간이 흐를수록 더 깊고 아름다워진다. 기억이 다듬어지고, 감정이 숙성되고, 그 안에 의미가 생긴다. 결국 경험은 하나의 이야기로 남는다. 누군가와 대화를 나눌 때 꺼내는 것은 무엇을 가졌는가가 아니라, 무엇을 느꼈느냐이다. 물건은 잊히지만, 사람은 남고 감정은 쌓인다. 오래 남는 것은 눈에 보이지 않는다. 그날의 공기, 누군가의 표정, 심장이 뛰었던 순간들이다. 그 모든 찰나가 모여 지금의 나를 만든다. 그리고 앞으로도 기억하고 싶은 것은, 아마 그런 순간일 것이다.

소유는 꾸미지만, 경험은 키운다

 사람은 마지막 순간에 가방 몇 개나 차 몇 대를 떠올리지 않는다. 끝까지 남는 것은 함께한 사람, 설렜던 순간, 마음이 울린 풍경이다. 소유는 낡고 버려지지만, 경험은 오래 살아 숨 쉰다. 그 안의 감정과 배움, 울림은 형태는 없지만 사람을 바꾼다. 물건은 잠시의 기쁨이지만, 경험은 오래가는 감정이다. 물론 소유도 필요하다. 안정적인 집, 필요한 옷, 적당한 수입이 없다면 일상은 버겁다. 하지만 어느 순간부터는 더 많이 가지려는 욕심이 우리를 지치게 한다. 이제는 방향을 조금 바꿔보자. 많이 가지려 하기보다 많이 경험하자. 남이 가진 것을 부러워하기보다, 내가 겪은 것에 감사하자. 비워야 보이는 것이 있고, 멈춰야 느껴지는 감정이 있다. 소유는 우리를 꾸미지만, 경험은 우리를 키운다. 삶은 결국 경험의 총합이다. 우리가 만난 사람, 웃고 울었던 시간, 사랑했던 감정이 곧 우리 인생이다. 그 사실을 잊지 않는다면, 우리는 이미 충분히 잘 살고 있는 것이다.

3.
과거의 짐 내려놓기

"과거에서 교훈을 얻을 수는 있어도 과거 속에 살 수는 없다."

- 린든 B. 존슨

과거와 결별해야 오늘이 가벼워진다

지나간 일인데도 불쑥 떠오르는 기억이 있다. 잘못한 말, 놓친 기회, 상처 줬던 순간들. 잊었다고 생각했지만 마음 한편에 남아 우리를 붙든다. 과거는 이미 끝난 이야기지만, 마음이 그곳에 머물 때가 있다. 후회와 미련은 우리를 가장 쉽게 묶어두는 감정이다. 그 감정이 앞으로 나아가는 걸 막고 있다면, 이제는 조용히 끈을 놓아야 한다.

과거를 돌아보는 건 잘못이 아니다. 다만 기억 속에 자신을 가두는 것이 문제다. 그때 그렇게만 했더라면 하는 생각

속에 아쉬움보다 자책이 숨어 있다. 그 순간의 나를 미워하기보다, 그때의 나도 나름의 최선을 다했다는 사실을 인정하자. 할 수 있는 만큼 이미 했고, 지금은 그 모든 경험 위에 서 있다. 지금의 시선으로 돌아보면 조금 더 부드럽게 말할걸, 조금 더 참을걸, 조금 더 용기 냈더라면 하는 후회가 떠오른다. 하지만 그때의 나는 지금만큼 알지 못했다. 경험도 부족했고, 감정도 서툴렀다. 그 시절은 그 나름의 최선을 다했을 뿐이다. 일상에서도 마찬가지다. 지나고 보면 별일 아닌 일에 예민하게 반응할 때가 있다. 지금을 온전히 살기 위해서는 과거와 부드럽게 작별할 줄 알아야 한다. 그 작별이야말로 진짜 나답게 사는 법의 시작이다.

"시련이라는 폭풍의 눈에서 벗어나 더 많은 것, 더 좋은 것을 누리는 상태에 도달하는 유일한 방법은 과거 나와 지금 당장 결별하는 것이다."

- 『인생이 우리를 위해 준비해 놓은 것들』, 대프니 로즈 킹마, 비즈니스북스

친구의 말에 상처받고 가족에게 짜증을 냈던 날을 떠올리면, 왜 그랬을까 싶다. 하지만 그때는 마음을 감당하느라 애썼을지도 모른다. 실수는 있었지만, 그 안에서 배운 것이 있

다면 그것만으로도 충분히 의미가 있다. 부족했던 과거가 지금의 자신을 만들었다고 생각하자. 과거와 부드럽게 결별할 때 비로소 현재에 충실할 수 있다.

매일 해야 할 일은 많고, 감정은 복잡하다. 그 위에 과거까지 얹어두면 너무 무겁다. 지금 필요한 건 지난날을 되짚는 일이 아니라, 오늘을 잘 살아내는 힘이다. 출근길 버스 안에서 좋아하는 노래를 들으며 창밖을 바라보는 순간, 퇴근길에 스스로에게 선물하는 따뜻한 한 끼, 작은 실수 앞에서도 '괜찮아' 하고 말해주는 여유, 이런 순간들이 마음을 가볍게 한다. 오늘을 충실히 살아내다 보면, 어제의 후회도 내일의 불안도 흐려진다.

가장 먼저 나를 용서하라

우리는 종종 누군가를 용서하지 못했다고 느낀다. 우리를 아프게 한 사람, 실망시킨 사람도 있다. 그런데 가만히 들여다보면, 정작 용서하지 못한 대상은 과거의 나일 때가 많다. 그때 왜 그렇게밖에 하지 못했는지, 왜 더 강하지 못했는지 스스로에게 화가 난다. 결국 타인이 아니라, 자책 속에서 스스로를 괴롭히며 살아가는 것이다.

용서란 괜찮다며 덮어버리는 일이 아니다. 감정을 인정하고, 그럼에도 불구하고 놓아주는 일이다. 특히 자신을 향한 용서는 더 어렵다. 하지만 가장 먼저 시작해야 할 용서이기도 하다. 그때의 나도 상처받았고, 그 상황 속에서 나름의 최선을 다했음을 기억하자. 마음을 이해하고 품어주는 것, 그것이 진짜 용서다.

자책은 조용히, 그리고 오래 지속된다. 겉으로는 아무렇지 않게 웃지만 마음속 깊은 곳에서는 여전히 자신을 탓한다. 왜 이렇게밖에 못했을까. 그때 용기 냈더라면 달라졌을까. 그런 생각이 끝없이 반복된다. 그러다 보면 자신을 깎아내리게 된다. 다른 사람은 다 잘하는 것 같은데 왜 나만 이렇게 서툴고 부족할까 싶다. 하지만 누구나 그런 시기를 겪는다. 아무도 처음부터 강하지 않다. 우리는 시행착오를 겪고, 실수하면서 단단해진다.

약국 소파에 앉아 있을 때였다. 한 아이가 반쯤 드러누워 칭얼거리고 있었다. 몸이 안 좋은 건지, 조금 산만해 보이기도 했다. 엄마는 처음에는 타이르듯 말하다가, 결국 그만 좀 해 하고 소리를 질렀다. 순간 주변의 시선이 엄마에게 쏠렸고, 아이는 조용해졌다. 그 짧은 장면에서 엄마의 피곤한 삶이 느껴졌다. 육아와 집안일에 지쳐 있을 때, 엄마도 알았을 것이다. 아이에게 화내는 게 최선이 아니라는 걸. 하지만 그 순간에는 너무 지쳐 있었고, 자기감정조차 감당하기 어려웠을 것이다.

우리는 그런 순간을 수도 없이 겪는다. 후회할 걸 알면서도 그땐 그렇게밖에 할 수 없는 때가 있다. 그 뒤에 몰려오는 자기 비난도 너무나 익숙하다. 그럴 때 가장 필요한 건 누군가의 위로가 아니라, 스스로에게 건네는 작은 다정함이다. 너무 힘들었구나, 그럴 수 있지. 그 말 한마디면 마음속에서 조용히 괴롭히던 목소리가 잦아든다. 진짜 용서는 어쩌면, 이런 일상의 틈에서부터 시작되는 것인지도 모른다. 위로의 핵심은 희망이다. 힘든 시기에도 회복할 수 있다는 믿음이 다시 시작할 용기를 준다. 살다 보면 스스로에게 위로가 필요한 순간이 있다. 위로는 문제를 해결하는 것이 아니라, 인간답게 살아갈 수 있도록 우리 자신을 다시 일으켜 세우는 일이다.

"상실, 패배, 실망으로부터 회복할 수 있다는 믿음, 나에게 시간이 얼마 남지 않았다고 해도 다시 시작할 수 있다는 믿음, 그리고 설령 실패하더라도 베케트의 말처럼 더 잘 실패할 수 있다는 믿음 말이다."

- 「그러나 절망으로부터」, 마이클 이그나티에프, 까치

잊는 것이 아니라 받아들이는 것이다

때로는 그냥 잊어버리라는 말을 듣는다. 하지만 잊는다는 건 말처럼 쉽지 않다. 억지로 지우려 할수록 오히려 기억은 더 선명해진다. 바나나를 잊으라 하면 바나나만 떠오르는 것처럼, 잊으려는 마음이 그 기억을 오히려 더 또렷하게 만든다. 내려놓는다는 건 기억을 밀어내는 일이 아니라, 있는 그대로 받아들이는 데서 시작된다. 그렇게 해야 마음이 덜 복잡하다. 슬펐던 순간도, 후회스러웠던 결정도 결국은 삶의 일부다. 기억을 지워내려 애쓰는 대신, 그때는 그럴 수밖에 없었다며 스스로에게 말해주는 일이 필요하다. 자신에게 너그러울수록 기억은 인생을 이끄는 길잡이가 된다. 내려놓음은 잊는 것이 아니라, 받아들이는 일이다. 우리를 아프게 했던 말과 후회, 그때 내린 선택은 외면한다고 사라지지 않는다. 오히려 그럴 수 있었다고 인정할 때, 닫혀 있던 마음이

서서히 녹기 시작한다.

붙잡지 말고 놓아도 된다

가끔은 상처와 분노를 놓지 못하고 붙들 때가 있다. 그렇게라도 마음을 붙잡아야 자신이 약해 보이지 않을 것 같아서다. 하지만 감정을 오래 붙잡고 있으면 결국 스스로를 괴롭히게 된다. 이미 떠나간 사람이나 지나간 일은 신경조차 쓰지 않는다. 오직 자기만 감정의 무게 속에 머물러 있을 뿐이다. 붙잡고 있는 것은 관계나 사건이 아니라, 그때의 억울함과 분노, 슬픔 같은 감정이다. 시간이 흐르면 감정도 자연스레 옅어진다. 그 사실을 받아들이고 놓아주는 순간, 짓눌렸던 마음이 조금씩 가벼워진다. 놓는 것은 약함이 아니라, 오히려 강함이다.

대부분 우리가 붙잡는 것은 사람이 아니라 감정이다. 배신감, 서운함, 외로움을 붙들며 자신을 지킨다고 믿지만, 사실은 스스로를 가두는 일이다. 이제 조용히 감정을 내려놓자. 누군가에게 화를 풀기보다, 자신을 그 속에서 놓아주기로 한다. 마음이 금세 가벼워지지 않더라도, 방향은 바꿀 수 있다. 이젠 놓아도 괜찮다고 말할 수 있을 때, 마음 깊은 곳에서 비로소 숨통이 트인다.

컵이 아주 뜨겁다고 생각해 보자. 어떻게 해야 할까. 간단하다. 놓아버리면 된다. 하지만 이 단순한 일을 실제로 실천하기란 쉽지 않다. 컵에 대한 집착과 욕심이 생기기 때문이다. 대부분의 사람은 '앗, 뜨거워!' 하며 본능적으로 손에서 놓는다. 그렇다. 놓아버린다는 것은 원래 우리 안에 있는 본성이다.

> "감정은 오고 가지만 나의 감정이 곧 나는 아니며 진짜 '나'는 감정을 지켜볼 뿐임을 깨닫기에 이른다… 공포가 올라올 때마다 계속해서 놓아 버리라." - 「놓아버림」, 데이비드 호킨스, 판미동

놓는 것은 끝내는 일이 아니라, 새로운 시작을 가능하게 하는 일이다. 붙잡고 있는 동안은 그 어떤 것도 새롭게 피어나지 않는다. 감정을 있는 그대로 인정하고 흘려보낼 때, 마음속 빈자리에 따뜻한 것이 스며든다. 더 이상 상처에 자신을 묶어둘 필요도 없다. 충분히 애썼고, 이제는 놓아도 될 만큼 단단해졌다.

오늘을 살면 마음이 자유로워진다

과거의 무게를 내려놓는 것은 오늘을 온전히 살기 위한 일이다. 같은 장면을 되풀이하며 마음을 소모하지 않고, 지금 이 순간에 집중하는 삶이 바로 치유다. 어제를 후회하고 내일을 불안해하기보다, 오늘 할 수 있는 작은 선택에 마음을 기울여보자. 커피 한잔을 천천히 음미하고, 바람을 느끼며 걷고, 하고 싶은 말을 솔직하게 전해보는 것. 그렇게 지금에 몰입할수록 과거는 점점 멀어진다. 오늘을 위해 살아갈 때, 비로소 우리는 진짜 자유로워진다.

4.

디지털을 덜수록 가까워지는 것

"우리는 원하는 세상을 스스로 만들어야 한다."

- 간디

손을 비우면 마음이 채워진다

아침에 눈을 뜨면 가장 먼저 휴대폰을 찾는다. 문자, 앱, SNS를 무심코 훑는 사이, 머릿속은 이미 복잡해진다. 불과 10분도 안 되는 시간인데 마음은 서두른다. 오늘도 세상은 바쁘게 돌아가고, 그 흐름에 뒤처지면 안 될 것 같은 압박감이 밀려온다. 늘 연결돼 있는데도 이상하게 텅 빈 느낌이 든다. 쉬지 않고 울리는 알림, 비교와 자극으로 가득한 타인의 일상. 그렇게 하루를 스마트폰에 의지한 채 보내다 보면 정작 생각할 시간은 사라진다. 손은 늘 바쁘지만, 마음은 점점 멍해진다.

요즘은 노안 때문에 책 읽기가 어렵다고 말하지만, 사실 문제의 핵심은 휴대폰을 손에서 놓지 못하는 습관이다. 가끔 도서관에 가서 책을 펼치면, 오랜만에 찾아온 고요 속에서 나를 다시 발견한다. 디지털과 거리를 두어야 비로소 마음이 차분해진다. 이럴 때 디지털 단순화라는 말이 떠오른다. 단순히 기기를 덜 쓰자는 뜻이 아니다. 기술이 아닌 내가 통제의 중심에 서야 한다는 의미다.

가장 먼저 할 일은 알림 끄기다. 매일 울리는 알림은 누군가가 계속 나를 호출하는 것처럼 압박감을 준다. 알림이 멈추자 마음이 한결 가벼워진다. 다음은 SNS 사용 시간을 줄이는 것이다. 휴대폰 대신 종이책을 읽고, 요리를 하고, 글을 써본다. 특별한 일을 하지 않아도 혼자 있는 시간이 더 이상 지루하지 않다. 휴대폰 없이도 충분히 괜찮은 사람이라는 걸 알게 된다.

기술은 분명 편리하다. 멀리 있는 사람과 쉽게 연락하고, 정보를 빠르게 얻고, 많은 일을 효율적으로 처리할 수 있다. 하지만 모든 편리함이 삶의 본질을 대신해 주지는 않는다. 기술의 유용함을 누리되, 삶의 방향만큼은 스스로 쥐고 있어야 한다. 디지털 단순화는 거창한 목표가 아니다. 매일의 선택 속에서 조금 덜 연결되고, 조금 더 나답게 살아가는 일이다. 휴대폰을 손에 쥐고 싶을 때가 많지만, 때로는 손을 비워두는 용기가 필요하다. 덜어낼수록 선명해진다. 손에서 휴대폰을 놓을 때, 비로소 자기 안에 남는 것이 있다.

진짜 중요한 것이 가까워진다

책을 볼 때 휴대폰은 눈에 보이지 않는 곳에 두기로 했다. 처음에는 신경이 쓰였다. 혹시 누가 연락하면 어쩌지 하는 생각뿐이었다. 사실 연락이 올 일은 거의 없지만, 마음 한편의 불안은 쉽게 사라지지 않았다. 시간이 지날수록 책에 더 몰입하게 되었고, 휴대폰을 잠시 잊으면서 마음이 한결 가벼워졌다. 조용히 차를 마시며 한 장씩 책장을 넘긴다. 스마트폰과 덜 연결될수록 하루가 길게 느껴지고, 순간순간을 온전히 느낄 수 있다.

스마트폰을 멀리하면 생기는 변화는 다음과 같다.

1. 공백이 찾아온다

처음에는 어색하고 지루하다. 조금만 참으면 마음속에서

진짜 생각이 피어난다. 무엇이 자신을 지치게 했는지, 무엇을 바라는지 마음에 귀를 기울이게 된다. 고요 속의 작은 목소리가 우리 안을 따뜻하게 한다.

2. 사람과 가까워진다

카페에서 친구를 만날 때, 테이블 위에 휴대폰을 올려놓지 않는 것만으로도 대화의 밀도가 달라진다. 상대의 표정을 자주 마주하고 웃음이 오래 남는다. 잠깐 보는 휴대폰이 소중한 시간을 잘라먹고 있었다는 걸 깨닫는다.

3. 감정과 가까워진다

감정은 천천히 느껴야 보인다. 분노, 슬픔, 외로움, 기쁨 같은 감정이 올라오기 전에 휙휙 넘겨버리곤 한다. 알림 하나, 영상 하나가 감정을 덮어버리기도 한다. 연결을 끊으면 감정이 자연스럽게 피어나고, 감정이 살아 있게 된다.

4. 시간과 가까워진다

디지털 세상에서는 모든 것이 빠르게 흐른다. 보고, 넘기고, 또 본다. 어느새 하루가 사라진다. 스마트폰에서 멀어질수록 시간은 천천히 흐른다. 처음에는 무료하게 느껴지지만 곧 풍성해진다. 바쁘게 살아야만 가치 있다고 생각했던 삶이, 고요 속에서도 충분히 의미 있다는 것을 깨닫는다.

5. 진짜 중요한 것이 가까워진다

기술과 거리를 둔다고 세상과 단절되는 것은 아니다. 오히려 자신이 중심이 되어 살아가는 방법이다. 스마트폰은 여전히 옆에 있지만, 이제는 잠시 놓아둘 줄 아는 손이 된다. 때로는 아무것도 하지 않는 시간이 필요하다. 진짜 중요한 것은 연결을 끊는 순간 다가온다. 가까워지고 싶은 것이 있다면, 먼저 손을 잠시 비워보자.

삶의 중심을 되찾다

기술은 우리를 편하게 해준다. 동시에 끊임없는 연결, 비교, 속도의 부담도 안겨준다. 그렇다고 도망칠 수는 없다. 우리는 디지털 시대를 살아야 하니까. 이럴수록 디지털을 조절하는 법이 필요하다. 쓰되 끌려다니지 않고, 연결되되 자신을 잃지 않는 법이다. 단순함은 결핍이 아니라 선택이다. 풍요롭고 단단한 삶을 위해 스마트폰을 활용하는 것이다. 일도, 소통도, 즐거움도 그 안에 있으니까 말이다. 한 발짝 물러나면 삶은 훨씬 건강해진다. 덜어낼수록 선명해진다. 디지털이 아니라 자신이 중심인 삶, 그것이 진짜 연결이다.

멀티태스킹에서 벗어나기

우리는 멀티태스킹에 익숙하다. 음악을 들으며 메시지를 보내고, 영상을 보며 댓글을 달고, 이동 중에도 피드를 넘긴다. 끊임없이 보고 듣고 반응하는 일상 속에서 집중이라는 단어는 점점 낯설어진다. 처음에는 여러 일을 동시에 해내는 듯 보인다. 하지만 실상은 다르다. 주의가 분산되고 사고가 얕아지며 몰입이 어려워진다. 한 가지에 오래 집중하지 못하고 자꾸 딴생각이 끼어든다. 여러 일을 동시에 하면 마치 효율적으로 일하는 것처럼 느껴지지만, 뇌는 최적의 상태를 잃고 집중력은 오히려 떨어진다.

"자신은 멀티태스킹 한다고 믿지만 사실은 여러 가지 과제 사이를 뛰어다니고 있는 것이다. 두 가지의 일 사이에서 빠르게 왔다 갔다 할 뿐이다."   - 『인스타 브레인』, 안데르스 한센, 동양북스

멀티태스킹을 통해 겉보기에는 잘 살아가는 듯 보이지만 사실은 조용히 무너지고 있다. SNS, 문자, 영상은 시간을 절약하려는 기술이지만, 아이러니하게도 우리에게 가장 많은

시간을 빼앗는다. 자기 의지로 살아가는 것 같지만, 끊임없는 알림과 피드에 이끌려 하루를 흘려보낸다. 그래서 하루가 짧고 집중이 안 되는 것이다. 이유는 단순하다. 삶의 흐름을 자신이 만들지 않고, 외부에 맡기기 때문이다. 이제 필요한 것은 디지털 단순화다. 정보의 양을 줄이고, 반응 속도를 늦추며, 시간과 감정을 다시 자신에게 돌려주는 일. 그것이 진짜 집중을 되찾는 길이다.

삶의 중심을 되찾다

디지털 단순화는 단절이 아니다. 스마트폰을 버리는 것이 아니라, 필요할 때만 쓰는 삶을 만드는 일이다. 스스로 통제하는 삶, 무엇을 할지, 무엇을 하지 않을지를 스스로 결정하는 삶으로 돌아가는 것이다. 알림을 끄고 휴대폰을 잠시 내려놓으면 마음은 고요해지고, 하루는 훨씬 풍성해진다. 디지털 단순화는 단순히 기기를 덜 쓰는 것이 아니라, 자신의 삶을 주도하는 연습이다. 시간과 감정, 생각을 스스로 다루며, 진짜 삶의 무게를 느낄 수 있는 기회다. 조용한 시간과 느린 하루 속에서, 우리는 온전하고 자유로운 삶으로 한 걸음씩 다가간다.

5.

불필요한 의무에서 벗어나기

"인생에 주어진 의무는 다른 아무것도 없다네. 그저 행복 하라는 한 가지 의무뿐. 우리는 행복하기 위해 이 세상에 왔지."

- 헤르만 헤세

착하게 살다 나를 놓치다

어릴 때부터 착하다는 말을 듣고 자란다. 그 말속에는 싫은 말은 삼키고, 거절하지 말며, 자신을 눌러야 한다는 뜻이 숨어 있다. 그렇게 착함이라는 역할을 내면화하며 어른이 된다. 문제는 착함이 종종 자신을 희생하게 만든다는 점이다. 모임에 가기 싫어도 괜찮다고 하고, 일이 벅차도 맡겠다고 말한다. 부탁을 거절하면 이기적으로 보일까, 상대가 불편해할까 두려워서다. 마음에 없는 수락을 하고 억지로 웃으며 대화를 맞추다가, 결국 거절하지 못한 자신에게 화가 나기도 한다.

회사에서도 흔히 볼 수 있는 풍경이다. 회식에 빠지지 않고, 남들 대신 잔심부름을 도맡는 사람. 단순히 성격이 좋아서일 수도 있지만, 그 뒤에는 싫은 말 하지 말자, 착해야 인정받는다는 무의식이 자리한다. 정작 인정받기보다 시키기 쉬운 사람이 된다. 가족 관계도 다르지 않다. 명절마다 집안일을 도맡고, 부모의 기대에 맞춰 진로를 선택하며, 자신의 감정보다 가족이 원하는 대로 행동한다. 처음에는 사랑이었지만, 나중에는 덜 미안해지기 위한 행동이 된다. 사랑도 효도도 아닌 감정적 복종일 뿐이다.

가정에서도 직장에서도, 거절을 잘 못해 타인의 기대에 맞춰 사는 사람들이 있다. 어쩌면 스스로에게조차 거짓말을 하며 살아가고 있을지도 모른다. '네'라는 말에 칭찬을 듣고, 착하다는 말을 들으면 잠시 기분이 좋지만, 문득 이런 생각이 든다. 이게 정말 내 삶일까. 우리는 누군가의 부탁 중 아홉은 거절당할 운명이다. 거절을 두려워하기보다, 거절은 당연한 것이고, 승낙은 고마운 것이라고 여기는 편이 낫다.

"우리가 하는 행동을 자세히 살펴보면, 어른이 되어서도 다른 사람들로부터 인정받고 싶어서, 사랑받고 싶어서 하는 행동들이 상당히 많은 부분을 차지합니다."

- 『완벽하지 않은 것들에 대한 사랑』, 혜민, 수오서재

착한 사람이 되려다 보면 많은 불편을 감내하게 된다. 착할수록 인간관계는 더 피곤해지고, 스스로는 점점 고립된다. 사람들은 착한 사람을 고마워하지 않는다. 당연하게 여긴다. 기대를 무너뜨리는 순간, 돌아오는 말은 늘 같다. 변했네, 예전 같지 않네. 이쯤에서 물어야 한다. 도대체 누구를 위해, 무엇을 위해 착해지려 애쓰는 걸까. 모두를 만족시켜야 내가 행복해질까.

착함의 덫에서 벗어나기

타인의 기대에 맞추다 보면 삶의 방향은 어느새 자기 손이 아닌 누군가의 손에 쥐어진다. 나는 이걸 원하지 않는데, 왜 자꾸 참게 될까. 질문이 쌓일수록 자존감은 흔들리고 삶은 점점 피로해진다. 이 굴레에서 벗어나려면 어떻게 해야 할까.

1. 거절을 연습하자

거절은 나쁜 것이 아니다. 지금은 어렵습니다, 이번엔 힘들 것 같아요 이런 말은 관계를 끊는 말이 아니라, 자신을 지키는 말이다. 처음에는 어색하지만 반복하다 보면 상대도 받아들이고 함부로 부탁하지 않게 된다.

2. 솔직함을 선택하자

모두에게 좋은 사람이 될 필요는 없다. 불편함을 억지로 감추기보다 감정을 솔직히 드러내는 사람이 오히려 진정성 있다. 솔직함은 불편하지만, 진짜 자신으로 살아가는 출발점이다.

3. 행동의 이유를 묻자

무언가를 할 때 스스로에게 물어보자. 이건 정말 내가 원해서 하는 걸까. 아니면 싫은 소리 듣기 싫어서 하는 걸까. 후자라면 그건 진짜 자기 선택이 아니다. 그런 선택이 반복될수록 삶은 점점 자기 것이 아니게 된다.

4. 진짜 관계는 솔직함에서 시작하자

사람들은 착해서 좋아하는 것이 아니다. 함께 있을 때 편하고 솔직하기 때문에 좋아한다. 감정과 경계를 명확히 할 줄 아는 사람이 관계에서도 건강하다. 착한 사람이 되기보다, 나답게 사는 사람이 오래 사랑받는다.

착해야 사랑받을 수 있다고 믿었지만, 착하기만 해서는 사랑도, 존중도 오래가지 않는다. 진짜 나로 살아가는 첫걸음은 늘 괜찮지는 않다는 사실을 인정하는 데서 시작한다. 때로는 거절하고, 때로는 솔직한 마음을 드러내며 관계를 조율하는 것, 그것이 성숙한 자존감이다. 착함은 의무가 아니라 선택이어야 한다. 착한 사람이라는 족쇄를 풀고 삶의 주인으로 설 때, 비로소 자신도 주변도 편안해진다.

안 해도 된다

당연한 일들에 너무 쉽게 고개를 끄덕인다. 결혼하면 아이를 낳아야 하고, 명절이면 고향에 가야 하며, 나이 들면 조심스러워야 한다는 말 속에서 진짜 욕구는 오래전에 사라졌다. 대부분의 사회적 의무는 누군가가 정한 관습일 뿐이다. 선택할 수 있다는 사실만으로도 삶은 훨씬 가벼워진다. 다들 해서라는 이유는 인생을 납득시키기에 너무 약하다. 싫으면 안 하면 된다. 처음 이 말을 들었을 때 잠시 멍했다. 법륜스님의 즉문즉설에서 들었던 한마디, 안 해도 돼. 단순하지만 마음 깊은 곳에 파문을 일으켰다. 늘 해야 한다는 말에 둘러싸여 살아왔는데, 그 한마디는 허락처럼 느껴졌다. 할 일을 미루자는 뜻이 아니라, 선택할 수 있다는 걸 인정받는 느낌이었다. 억지로 품고 있던 무언가를 이제는 내려놓아도 된다고 말해주는 듯했다.

우리는 일상 속에서 얼마나 많은 의무에 묶여 살고 있을까. 아침부터 저녁까지 머릿속은 해야 할 일로 가득하다. 일뿐 아니라 관계에서도 마찬가지다. 문제는 해야 한다는 말이 너무 자연스러워졌다는 것이다. 책임감은 중요하다. 하지만 책임감이 습관이 되고, 그 습관이 억눌림이 되면 자신의 감정이나 욕구를 돌볼 틈이 없어진다. 가끔은 싫을 수도 있다. 오늘은 아무것도 하고 싶지 않을 수도 있고, 누군가와 말 섞고 싶지 않을 수도 있다. 그럴 땐 스스로에게 이렇게 말해주자. 지금은 안 해도 된다. 그 한마디가 주는 해방감은 생각보다 크다.

해야 한다는 압박에서 벗어나기
안 해도 된다는 말은 무책임하자는 뜻이 아니다. 선택지를 넓히자는 말이다. 해야만 한다고 믿는 순간, 스스로를 몰아세우고 선택의 자유를 잃는다. 반대로 안 해도 된다고 생각하면 마음이 가볍고 유연해진다. 이것이야말로 자기 인생을 책임지는 태도다. 가족관계도 마찬가지다. 자식이면 이 정도는 해야지, 부모니까 당연히 이해해야지 같은 말은 관계를 의무로 만든다. 감정은 강요한다고 따라오지 않는다. 어떤 역할도 감정이 배제된 의무로만 남으면 결국 상처를 남긴다.

때로는 지금은 힘들어, 조금 떨어져 있자. 이렇게 말하는 용기가 필요하다. 그 용기가 관계를 무너뜨리는 것이 아니라 오히려 지키는 힘이 된다. 우리가 원하는 것은 의무가 아니라 연결이다. 연결은 자발성과 진심에서 비롯된다. 억지로 하는 인사보다 진심으로 건네는 짧은 말 한마디가 더 따뜻하다. 해야 하니까 하는 것이 아니라, 하고 싶어서 하는 선택이 삶을 단단하게 만든다. 가끔은 이렇게 말해보자. 오늘은 안 해도 괜찮아. 이 한마디가 당신을 자유롭게 해줄 것이다.

6.

마음의 먼지를 털다

> "마음은 밝은 거울 대와 같으니 늘 부지런히 털고 닦아, 티끌이 앉지 않게 하라."
> — 『육조단경』에 실린 신수의 시

화는 참을수록 쌓인다

화는 쉽게 사라지지 않는다. 마음 한구석에 눌러둔 채 잊은 듯 살아가지만, 억눌린 감정은 언제든 불쑥 튀어나온다. 아무 상관 없을 것 같은 순간, 엉뚱한 사람에게 짜증을 내거나 이유 없이 눈물이 터져 나올 때가 있다. 억눌린 감정은 억지로 참아온 화였다는 것을 알게 된다.

왜 이렇게 화가 났을까, 왜 이 사람에게 화를 냈을까. 화는 쌓인 억울함과 서운함, 그리고 상처가 만들어낸 감정이다. 억지로 참으며 살아가면 화는 결국 터져 나올 수밖에 없다.

화는 짧은 순간 극단적으로 폭발하기도 하고, 오랫동안 작은 불만으로 남아 있다가, 깊은 불편함으로 다가온다. 화를 단순히 터뜨리는 것만으로는 해결되지 않는다. 인정하고 풀어주는 과정이 필요하다. 화를 내는 것이 문제인 것이 아니라, 화를 다루는 방법이 중요하다. 감정의 진짜 이유를 마주하고, 왜 그런 반응을 보였는지 스스로 이해하려는 노력이 필요하다.

화가 날 때는 감정을 잠시 비워보는 것도 방법이다. 감정을 깊이 들여다보면, 무엇에 상처받았는지 알게 된다. 상처를 인정하고 감정을 풀어주는 일은 무엇보다 중요하다. 이를 위해 남을 탓하기보다 스스로에게 솔직하게 물어야 한다. 화는 타인에게 시작된 듯 보여도, 결국 내 마음에서 비롯된 것이다.

분노는 숨은 마음의 신호다

분노는 겉으로 폭발적인 감정처럼 보이지만, 그 밑에는 대부분 억울함과 상처, 두려움이 숨어 있다. 분노가 터지는 이유는 단순히 눈앞의 상황 때문이 아니라, 마음속에 쌓여 있던 숨은 감정 때문이다. 사랑받고 싶고, 인정받고 싶다는 마음 밑에는 누구에게도 털어놓지 못한 외로움이 자리한다. 겉으로는 위험한 감정처럼 보여도, 사실 분노는 중요한 신호다. 자신이 무엇을 원하고 있는지를 알려주는 내면의 표현이기 때문이다. 감정을 무시하거나 억누르면 분노는 점점 커지지만, 제대로 들여다보면 자신에게 필요한 것이 무엇인지 알수 있다. 하지 못한 말을 꺼내고, 마음 깊은 곳의 바람을 솔직하게 표현하는 것, 그것이 분노를 풀어내는 시작이다.

고민은 성숙의 시간이다

끝없는 고민 속에서 무엇이 중요한지 모른 채 방황할 때가 있다. 결정을 내려도 확신이 서지 않고, 고민만으로도 무기력하고 지친다. 고민의 근본 원인은 확신의 부족이다. 이게 맞을까, 저게 맞을까 하는 질문에 갇혀 아무것도 할 수 없는 상황이 반복된다. 그럴 때는 한 걸음이라도 내디뎌보는 것이 중요하다. 때로는 선택 자체보다 선택을 향한 마음가짐이 더 중요하기 때문이다. 고민은 생각하고 내린 결정에 책임질 준비이기도 하다. 요즘은 길게, 깊이 고민하는 힘이 약해졌다. 도깨비방망이처럼 금 나와라 뚝딱, 은 나와라 뚝딱하듯 해결책이 줄줄 쏟아져 나오기 때문이다. 하지만 고민은 사색을 동반한다. 바쁘거나 성가시다는 이유로 우리는 고민을 회피하곤 한다. 충분히 시간을 들여 깊이 생각하는 것이 중요하지만, 때로는 시간도 없고 오래 생각하기조차 싫을 때가 많다. 그럼에도 고민의 시간은 삶을 성숙하게 만든다.

후회와 불안은 발목을 잡는 감정이다

그때 하지 말았어야 했나, 왜 그렇게 말했을까. 후회는 과거를 끊임없이 되새기며 반복된다. 지나간 시간은 되돌릴 수 없다는 무력감도 함께 얽혀 있다. 후회가 쌓일수록 과거의 자신이 미워지고, 현재의 자신이 작아지는 기분이 든다. 그때의 자신을 비난한다고 해서 달라지는 것은 없다. 후회는 과거를 바로잡는 것이 아니라, 그때의 자신을 이해하고 인정하는 과정이다. 과거에는 그것밖에 몰랐지만, 지금은 더 많이 알게 됐다. 그때의 자신을 탓하기보다, 현재의 자신이 성장했음을 보여주는 증거로 받아들이면 더 이상 후회가 발목을 잡지 않는다. 그럴 때 후회는 과거에 머물러 있지 않고, 현재를 살아가는 힘이 된다.

시작을 막는 것은 언제나 불안이다. 실패를 걱정하고, 자신이 생각만큼 잘하지 못할까 봐 마음이 움츠러든다. 불안은 현실이 아니라, 마음이 만들어낸 그림자일 뿐이다. 실제로

한 걸음 내디디면 그림자는 더 이상 자리를 잡지 못한다. 불안은 상처를 피하려는 마음에서 나온다. 새로운 것을 시도하며 상처받을까, 실패할까 걱정하는 것은 자연스러운 일이다. 문제는 느끼고 멈추는 데 있다. 불안을 마주하고 앞으로 나아갈 때, 그림자는 서서히 사라진다. 아무것도 하지 않으면 그림자는 그대로 남고, 넘어서지 않으면 더 큰 두려움에 갇히게 된다.

감정을 털면 마음이 편해진다

화, 분노, 고민, 후회, 두려움과 같은 감정은 일상의 일부다. 마음속에 쌓인 감정의 먼지는 시간이 지나면서 점점 쌓여 우리를 흐리게 만든다. 감정은 억누르거나 피하는 것이 아니라, 인정하고 비워내야 한다. 완전히 털어내는 것은 불가능하지만, 정리하고 자신에게 솔직해지는 것만으로도 마음은 한결 가벼워진다. 매일 조금씩 감정의 먼지를 털어내며 살아갈 힘을 얻는 것, 그것이 마음을 돌보는 일이다.

마음의 먼지를 털어내는 방법

1. 감정을 인정하고 느끼기

마음속 감정을 무시하지 말고 그대로 받아들이자. 화가 나면 이유를 살피고, 슬프면 충분히 느껴본다. 감정을 인식하는 것만으로도 마음이 한결 가벼워진다.

2. 감정을 표현하기

쌓아둔 감정을 밖으로 내보내자. 친구나 가족과 대화하거나 글로 감정을 풀어내는 것만으로도 치유가 시작된다.

3. 내면의 목소리 듣기

타인의 기대에 휘둘리지 말고, 자신이 진정 원하는 것이 무엇인지 들어보자. 혼자 있는 시간을 갖고 마음을 정리하는 것이 중요하다.

4. 과거를 용서하기

실수와 후회를 붙잡지 말자. 그때는 최선을 다했다는 마음으로 자신을 용서하고, 과거에 얽매이지 않는다.

5. 여백 두기

짧은 산책이나 조용한 시간을 가지며 일상에 잠시 여유를 둔다. 자기만의 시간은 마음을 정리하고 자신을 돌보는 힘이 된다. 마음의 먼지를 털어내는 일은 작은 실천의 반복이다. 감정을 인정하고 표현하며 자신을 돌보는 일상 속에서 마음은 점점 가벼워진다. 이 과정을 꾸준히 이어갈 때, 우리는 온전히 살아갈 힘과 자유를 얻는다.

7.

덜어낼수록 가벼워지는 하루

"모든 산봉우리마다 깊은 휴식이 있다."

- **요한 볼프강 괴테**

덜어내야 진짜 보인다

바쁨은 대개 이렇게 시작된다. 이건 내가 해야 해, 남에게 맡기긴 찜찜해, 어차피 내가 빨라. 혼자 모든 것을 안고 가다 보면 바빠진다. 문제는 일이 많아서가 아니라, 스스로 자초한 바쁨일 수도 있다. 누가 시켰냐고? 나다. 모든 일을 다 잘하려 하면 어느 것도 제대로 할 수 없다. 정말 중요한 일 하나를 골라 집중하는 것이 핵심이다. 하루 중 에너지가 가장 좋은 시간에 중요한 일 하나만 끝내도, 하루가 훨씬 가볍고 뿌듯하다. 작은 일에 휘둘리느라 큰일을 놓치고 있다면, 내가 지금 이 일에 시간을 써야 할까 하고 스스로 물어보자.

줄여야 보인다. 과감히 덜어내야 한다. 종종 해야 할 일이라 믿지만, 알고 보면 굳이 안 해도 되는 일이 많다. 책상 위에 쌓인 서류, 끊임없이 울리는 알림, 습관처럼 나간 모임까지. 하나씩 덜어내면 시간도, 공간도, 마음도 한결 가벼워진다. 말 그대로 미니멀한 시간표가 만들어지는 것이다. 바쁘지 않으면 뭔가 부족한 사람 같다고 생각하기 쉽지만, 여유 있는 것은 게으름이 아니다. 쉬어야 에너지도 채워지고 창의적인 생각도 나온다. 오히려 잘 쉬는 사람이 일을 잘한다. 요즘은 일부러 멍때리는 시간을 만들고, 하루 중 아무것도 하지 않는 시간도 허락한다. 비워야 진짜 시간이 들어온다. 바쁘게만 살면 중요한 것을 놓치기 때문이다. 요즘 어떠냐는 질문에 습관처럼 바쁘다고 답하는 대신, 이렇게 말해보자. 여유를 챙기는 중이야.

시간이 새면 마음도 샌다

시간이 조금만 더 있었으면 좋겠다고, 하루가 25시간이면 안 되냐고, 하루에도 열두 번쯤 말한다. 그런데 정말 시간이 없는 걸까, 아니면 어디선가 새고 있는 걸까. 할 일은 다 끝냈는데, 정작 자신이 사라지고 허전함만 남는다. 시간을 빼앗긴 것이 아니라, 제대로 챙기지 못한 느낌이다. 오늘도 바쁘게 살았지만, 돌아보면 무엇을 했는지 뚜렷하지 않다. 자꾸 치이며 살다 보면, 중요한 것은 미뤄둔 채 하루가 끝난다. 필요한 것은 거창한 시간 관리가 아니다. 단 하나의 질문이면 충분하다. 오늘, 무엇에 시간을 썼을까. 이 질문에 답할 수 없다면, 마음까지 새고 있다는 뜻이다.

비워야 시간과 마음이 들어온다

시간 도둑은 가까이에 있다. 가장 흔한 것은 스마트폰이다. 끝없는 피드, 이유 없이 열어본 쇼핑 앱. 5분이 순식간에 30분이 된다. 관계 속에도 시간 도둑이 숨어 있다. 시간은 곧 에너지다. 엉뚱한 데 쓰면 중요한 곳에는 쓸 수 없다. 하루를 돌아보면, 일이 많아서가 아니라, 집중된 시간이 부족할 뿐이다. 에너지가 맑을 때 중요한 일부터 하고, 불필요한 알림은 끄고, 멍때릴 시간도 비워두자. 이 3가지만 지켜도 하루는 훨씬 널찍해진다.

해야 할 일을 미리 해두면 불안이 줄고, 비워둔 시간에는 오히려 좋은 생각이 떠오른다. 비워야 보인다는 말은 진짜다. 냉장고에 묵은 반찬이 가득하면 신선한 재료를 넣을 공간이 없듯, 쓸데없는 일정과 마음에도 없는 약속으로 하루를 채우면, 자신이 원하는 일은 들어올 자리가 없다. 하루 중 30분이라도 자신을 위해 비우자. 글을 쓰고, 책을 읽고, 그냥 아무것도 하지 않는다. 오히려 비워둔 시간 덕분에 하루가 더 단단해지고, 하루 전체가 내 시간처럼 느껴진다. 시간을 잘 챙기면 마음도 덜 샌다.

8.

비워서 채우는 삶

"그냥 내버려둘 수 있는 것이 많을수록 인간은 부유해진다."

- 헨리 데이비드 소로

단순함은 선택이다

삶의 본질을 알고 싶어 숲으로 들어갔다. 헨리 데이비드 소로의 말이다. 그는 복잡한 세상에서 벗어나 단순한 삶을 택했고 나무와 호수 사이에서 조용히 살았다. 아침이면 새소리를 들으며 빵을 굽고, 낮에는 물가에 앉아 사색하며, 밤이면 별을 보며 하루를 정리했다. 그 모습은 어딘가 낭만적이다.

우리도 가끔 북적이는 도시를 떠나, 숲속 오두막에서 일정도 비워둔 채 살면 마음이 한결 편해질 것 같다. 현실은 다르다. 일을 해야 하고 카드 결제를 챙겨야 하며, 냉장고에는 장

볼 날짜가 다가온다. 그렇다면 묻는다. 숲에 가지 않고도, 소로처럼 단순하게 살 수 있을까? 답은 그렇다. 단순한 삶은 장소의 문제가 아니라 태도의 문제이기 때문이다. 무엇을 버리고 무엇을 남길지 선택하고, 그 선택을 반복하는 것이 핵심이다. 소로는 숲을 택했지만, 우리는 우리만의 방식으로 단순한 삶을 선택할 수 있다.

단순한 삶이란, 복잡한 세상에서 중심을 잡는 법을 배우는 것이다. 중심이 있다면 굳이 숲에 가지 않아도 된다. 작은 방에서도, 붐비는 지하철에서도, 바쁜 회사 안에서도 단순함은 가능하다. 조금 덜어내고, 조금 느리게 걸으면, 그게 바로 숲으로 가는 길일지도 모른다.

바깥과 나 사이 균형 잡기

매일 사람들 속에서 부딪히고 웃고, 말하며 하루를 살아간다. 그 안에서 각자는 저마다의 역할로 움직인다. 하지만 때때로 사람들 속에서 자신은 보이지 않는다. 분주히 움직이지만, 내 안은 텅 빈 듯하다. 세상이 아닌 자신을 향한 시선도 필요하다. 삶의 무게만큼 삶의 온도도 챙겨야 한다. 사람들 속에서 웃고 떠들었다면, 고요한 방 안에서는 마음을 들어주는 시간이 필요하다. 사람들에게 맞춰 보낸 하루라면, 자신에게 솔직해지는 저녁도 있어야 한다.

삶은 균형이다. 바깥의 소음과 안쪽의 침묵 사이에서 자신을 잃지 않는 감각이 곧 나로 존재하는 힘이다. 내면의 목소리를 잃지 않는 사람은 타인의 시선 속에서도 흔들리지 않는다. 외적인 삶에서 지쳐도, 내적인 삶에서 숨을 고를 수 있기 때문이다. 하루 중 단 10분이라도 군중을 벗어나 나에게로 돌아가자. 그 시간이 쌓이면 흔들림 없는 중심을 갖게 된다. 바깥으로 살아가면서도, 안으로 단단해지는 것. 그것이 우리가 걸어야 할 균형의 길이다.

번데기 안에서 성장하다

소로는 고독을 이렇게 말했다. 고독 속에서 번데기를 만들고, 그 안에서 빠져나와 더 나은 존재로 태어난다. 세상과 완전히 단절하지 않으면서도. 자기만의 고요한 시간을 갖는 것은 도망이 아니라 준비의 시간이라고 했다. 숲으로 들어갔던 소로는 다시 사회로 돌아왔다. 그는 문명의 변두리에서 벗어나지 않는 것 역시 중요하다고 강조했다. 삶은 혼자일 수 없고, 그렇다고 완전히 함께일 수도 없다. 그 사이 어딘가에서 균형을 잡는 것이 충만한 삶의 기술이다.

나비가 번데기 시절을 견디듯, 세상에는 반드시 견뎌야 하는 시간이 있다. 꽃이 피고, 빵이 부풀고, 사람이 멋져지는 순간은 대부분 혼자 있는 시간 속에서 일어난다. 누구의 시선도 잔소리도 좋아요 버튼도 없는 고요한 시간은 심심하고 외롭고 때로는 불안하다. 그러나 그 시간이 우리를 한 뼘 자라게 만든다.

> "나는 고독 속에서 나만을 위한 실을 지어 번데기를 만들고 그 번데기에서 빠져나와 더 나은 사회에 알맞은 더 완벽한 창조물로 다시 태어난 것이다."
>
> - 『속도에서 깊이로』, 윌리엄 파워스, 21세기북스

소로는 고독의 시간을 번데기라 불렀다. 애벌레가 조용히 실을 뽑아 자신을 감싸듯, 우리도 세상에서 잠시 물러나 생각을 정리하고 마음을 바라볼 필요가 있다. 고요한 번데기 안에서 조금씩 다듬어지고 채워진 뒤, 마침내 나비처럼 세상 밖으로 날아오르게 된다. 중요한 것은 번데기에 너무 오래 머무르지도 말고, 아예 들어가지도 않는 실수를 하지 않

는 것이다. 조용히 한 번쯤 자신을 돌보는 시간, 그것이 반드시 필요한 이유다.

고독은 다시 태어나는 시간이다

고독은 쓸쓸한 것이 아니라, 멋있어지는 과정이다. 우리가 조용히 엮고 있는 실은 곧 어마어마하게 멋진 날개가 될 것이다. 번데기는 보기에는 심심하다. 움직이지도 않고 반짝이지도 않는다. 그저 말없이 매달려 있을 뿐이다. 하지만 그 안에서는 놀라운 변화가 일어난다. 애벌레는 눈에 보이지 않는 조용한 시간을 통과하며 나비가 된다. 이 시간을 다시 태어나는 시간이라 부른다. 번데기의 또 다른 이름은 고독이다.

고독은 언뜻 지루하고 외로운 것처럼 보인다. 혼자 있고, 연락도 끊고, 모임도 빠지고, 휴대폰도 멀리한다. 어쩌면 요즘 세상에서 가장 용기 있는 일일지도 모른다. 세상에서 살짝 물러서는 순간, 비로소 진짜 나와 마주하게 된다. 틈만 나면 휴대폰을 들고, TV를 켜고, 뭔가 해야 할 것 같은 마음이 들지만, 조금만 견디면 고요한 세계가 열린다. 복잡했던 생각이 정리가 되고, 무거운 마음도 스스로 이유를 말하기 시작한다.

번데기 속 애벌레는 아무것도 하지 않는다. 움직이지 않고, 먹지도 않는다. 그 안에서 천천히, 완전히 다른 존재로 변해간다. 번데기의 시간은 텅 빈 시간이 아니라 채우는 시간이다. 겉으론 보이지 않아도 내면은 분주하게 다시 태어날 준비를 한다. 고요한 순간은 균형을 찾고, 생각을 정리하며, 마음을 정비하는 시간이다. 밖에서 살던 삶을 안으로 되돌리는 연습이 쌓이면, 마침내 번데기를 찢고 날아오를 준비가 된다.

단순함은 비움에서 채움으로 완성된다

단순함은 비움에서 끝나지 않는다. 필요한 것을 채우는 데서 비로소 완성된다. 고독한 시간은 자신을 돌보는 시간이다. 잠깐이라도 고요한 번데기 속으로 들어가야 한다. 그 시간을 거쳐 우리는 단단하고 멋진 자신으로 다시 서게 된다. 다시 태어남은 어느 날 갑자기 오지 않는다. 조급해하지 않아도 괜찮다. 덜어내면 비로소 필요한 것이 보이기 시작한다. 단순한 삶은 비움의 끝이 아니라 채움의 시작이다. 고요한 시간 속에서 우리는 자신을 정리하고, 다시 태어난다. 아무것도 하지 않아도, 무엇을 이루지 않아도 괜찮은 날이 있다. 비움과 채움이 자유롭다면, 그것이 우리가 향하고 있는 올바른 방향이다.

4장

오늘도 배달하며
인생을 배운다

움직이는 삶은 분명 힘들다.

동시에 건강하고 자유롭다.

움직인다는 건 살아 있다는 감각을 되찾는 일이다.

오늘도 그 감각 덕분에 버틴다.

아니, 잘 살아내고 있다.

1.

몸으로 배우는 인생

"몸을 별로 움직이지 않는 삶은 그 편안함에도 불구하고 초조한 상태로 만든다."

- 칼 세이건

몸이 움직이자 마음이 살아났다

코로나로 모두가 멈춰 있던 시기였다. 일상이 잠기고, 마스크 너머 사람들의 얼굴에는 불안이 짙게 드리워져 있었다. 그때 남편이 대상포진에 걸렸다. 평소에도 무리했지만 이번에는 정말 심각했다. 등에는 수포가 돋고 몸은 축 늘어졌다. 문제는 쉴 수 없다는 것이었다. 생계가 걸려 있으니 일을 놓을 수 없었다. 남편은 택배 일을 한다. 택배는 멈출 수 없는 일이다. 누군가의 생필품이고, 누군가의 생계이기 때문이다. 결국 내가 나섰다.

"내가 도와볼게." 별생각 없이 꺼낸 말이었지만, 그게 시작이었다. 택배가 어떤 일인지, 몸이 얼마나 버텨줄지 전혀 알지 못했다. 다만 남편이 쓰러지지 않게 하려는 마음뿐이었다. 그때부터 몸으로 배우는 인생이 시작되었다. 모든 것이 낯설었다. 나는 원래 몸보다 머리를 많이 쓰는 사람이었다. 오랫동안 책상에 앉아 일하며 살아왔으니까. '이 길이 맞나.', '앞으로 어떻게 살아야 하지.' 같은 고민이 머릿속을 차지했다. 나름 고급 인력이라는 생각도 했다. 그런데 택배 일을 시작하고부터는 복잡한 생각이 차츰 줄어들었다. 하루 종일 몸을 움직이면 고민도 함께 흘러갔다. 땀이 흐르고 숨이 차오르면, 오히려 머리가 맑아졌다.

그때 알았다. 괴로웠던 건 생각이 많아서가 아니라 가만히 있어서였다. 몸은 정직했다. 아프면 아프다고 시원하면 시원하다고 솔직하게 알려줬다. 몸이 이끄는 대로 움직이다 보니 마음도 따라 정리됐다. 택배 일을 하면서 하루의 리듬도 달라졌다. 몸에 생기가 돌고 활력이 차올랐다. 계단을 오르내릴 땐 숨이 찼지만, 일을 마친 뒤 먹는 밥 한 끼는 꿀맛이었다. 밤에는 눈만 감아도 깊이 잠들었다. 머리는 쉴 수 있었고, 몸은 부지런히 일했다. 그렇게, 멈춰 있던 삶은 다시 흘러가기 시작했다.

함께 움직이니, 마음이 닿았다

가장 큰 수확은 남편과의 관계였다. 함께 움직이고, 함께 웃었다. 힘든 일 앞에서도 서로에게 힘이 되어주는 시간이 생겼다. 같은 일을 하다 보니 굳이 말하지 않아도 통하는 것이 있었다. 무거운 박스를 들며 주고받는 "괜찮아" 한마디에 마음이 풀리곤 했다. 그 말은 아플 틈 없이 살아가는 서로에게 보내는 작은 애정 표현이었다. 택배는 단순히 물건을 옮기는 일이 아니었다. 움직이는 만큼 누군가의 삶도 함께 움직이고 있었다. 남편은 엘리베이터 없는 건물에도 무거운 박스를 올려야 했다. 문 앞에 과일 상자를 내려두고는 숨을 고를 틈도 없이 서둘러 내려왔다. 그 무게만큼이나 하루의 힘겨움도 고스란히 전해졌다. 이 물건을 기다리는 누군가가 있겠지. 그 생각 하나로, 힘들어도 우리는 묵묵히 일을 이어갔다.

몸으로 배우는 사랑의 기술

몸으로 하는 일은 결과가 작아도 과정이 묵직하다. 처음에는 이걸 내가 왜 하고 있나 싶은 날도 있었지만, 지나고 나면 몸으로 겪은 하루가 오래 기억에 남았다. 머리로 배운 지식보다 몸으로 부딪친 경험이 훨씬 생생했다. 사람들이 종종 묻는다. "힘들지 않으세요?", "여자가 대단하다." 그럴 때면 멋쩍게 웃으며 대답한다. "남편 일을 돕고 있어요. 운동도 되고 좋아요."

코로나라는 예기치 않은 시기, 남편의 대상포진으로 시작된 택배 일이었지만, 나를 가장 건강하게 만든 것은 몸으로 살아낸 하루였다. 머리로는 배울 수 없던 것을 몸이 알려주었다. 생각이 많고 마음이 복잡한 날에는 몸을 움직인다. 걷고, 정리하고, 청소하며 무엇이든 한다. 몸을 움직이면 마음도 따라 움직인다는 걸 알게 됐다. 오늘도 나는 몸으로 인생을 배우고 있다. 천천히, 단단하게, 그리고 정직하게. 몸을 움직이는 일인 택배를 시작한 것도 어쩌면 사랑의 한 방식이었다. 사람마다 사랑을 표현하는 방법은 다르다. 나에게 사랑은 단순한 감정이 아니라 참여하는 일이고, 생명을 불어넣는 일이다.

> "사랑은 수동적 감정이 아니라 활동이다. 사랑은 '적극적으로 참여하는 것'이지 결코 '빠지는 것'은 아니다."
> - 『사랑의 기술』, 에리히 프롬, 문예출판사

몸으로 살아보니, 세상이 보였다

어쩌다 시작한 일이지만, 생각해 보면 마치 체험 삶의 현장 같았다. 한 번도 해보지 않은 낯선 일을 몸으로 직접 겪는 과정이기 때문이다. 그 안에는 삶의 무게와 고충이 고스란히 담겨 있었다. 택배 일을 하며 세상에는 보이지 않는 자리에서 묵묵히 하루를 버티는 사람이 얼마나 많은지를 깨닫게 된다. 엘리베이터 없는 5층을 오르내리고, 비 오는 날 젖은 박스를 들고 미끄러운 계단을 오르는 순간에도, 누군가는 각자의 무게를 조용히 견디고 있었다.

머리로는 알지 못했던 사실을 몸으로 겪으며 비로소 깨닫게 된다. 문 앞에 조용히 두는 과일 상자나 휴대폰에 뜬 택배 알림 하나가 누군가에게는 조용한 위로였다. 단순한 육체노동 같지만 마음을 나르는 일이었다. 박스 하나에도 기대와 사연이, 걸음 하나에도 인내와 성실이 담겨 있다는 걸 알게 됐다.

"이게 뭐라고 이렇게 힘드냐." 하고 투덜대다가도, 그 일을 묵묵히 해온 남편을 떠올리면 금세 조용해진다. 머리로 배운 것은 금세 잊히지만, 몸으로 배운 것은 남는다. 세상이 멈췄던 날, 몸을 움직이기 시작했고 그때부터 삶은 다시 흘러가기 시작했다. 무거운 박스를 들며 걱정도 함께 내려놓을 수 있었다.

택배 일은 끝이 없다. 내일도 또 다른 박스를 들어야 하고, 계단을 올라야 한다. 그 안에는 소중한 반복이 있다. 정직하게 흘린 땀, 서로를 살피는 눈빛, 오늘에 최선을 다하려는 다짐이 매일 쌓인다. 오늘도 택배를 하며 인생을 배운다. 일이 내게 알려준 것은 단순했다. 몸으로 살아가는 삶의 소중함이다. 그 안에는 정직함이 있고, 성실함이 있으며, 서로를 이해하는 따뜻함이 깃들어 있다. 오늘도 체험 삶의 현장으로 간다.

시선을 거두니, 내가 보였다

처음에는 이런 생각이 들었다. '이걸 왜 하고 있지? 지금 뭐 하는 거지?' 고작 박스 몇 개를 나르면서도 자존심이 욱신거렸다. 사람들의 의아한 시선도 불편했다. 여자가 택배를, 왜 저런 힘든 일을 하지, 저 인생도 고달프겠다, 그렇게 말하는 듯했다. 그 눈길이 나를 작아지게 만들었다. 하지만 시간이 지나면서 달라졌다. 타인을 향하던 시선이 점점 나를 향하기 시작했다. 하루에 집중하자 마음이 가벼워졌다. 남의 눈치를 보지 않으니 비로소 나답게 살 수 있었다. 중요한 것은 타인의 평가가 아니라, 하루를 얼마나 정직하게 살아내느냐이다.

몸을 움직이다 보면 머리로는 풀 수 없던 감정이 정리되기도 한다. 운동도 되고, 마음도 개운하며, 밥도 꿀맛이다. 이쯤 되면 택배는 생활 치유 프로그램이다. 몸으로 배우는 인생은 느리다. 책이나 강의처럼 똑똑해 보이지는 않지만, 한 번 배우면 오래간다. 쉽게 잊히지도 않는다. 지금은 그때보다 훨씬 건강하고 솔직하며 단단하다. 몸으로 배우는 인생, 해보니 나쁘지 않다. 아니, 생각보다 꽤 괜찮다.

2.

짜증도 사랑이었다

"사랑 있는 고생이 기쁨이었네."

- 김형석 교수

단순한 일이지만 마음은 깊어졌다

택배 일을 시작한 이유는 단순했다. 남편 일을 돕고, 몸도 움직이고, 새로운 경험도 해 보고 싶었다. 그런데 택배는 생각보다 단순하지 않았다. 몸을 쓰는 일인 줄만 알았는데, 그 안에는 예상치 못한 감정의 변화가 숨어 있었다. 처음에는 가벼운 마음이었다. 남편과 함께 움직이면 운동도 되고, 기분 전환도 되겠지 싶었다. 하지만 시간이 지나면서 서로를 이해하는 방식이 달라졌다. 함께 보내는 시간이 길어질수록 마음의 거리도 조금씩 가까워졌다.

택배를 시작한 건 우연이자 필연이었다. 오십 즈음, 코로나로 인해 다니던 직장을 갑작스레 그만두었다. 의도치 않게 생긴 시간의 틈에서 남편 일을 돕게 됐다. 처음에는 단순히 바람을 쐬고 몸을 움직이려는 마음이었지만, 어느새 그것이 일상이 되었다. 택배는 생각보다 바빴고, 생각보다 무거웠다. 하지만 이상하게도 몸은 점점 가벼워졌다. 땀을 흘리면 마음이 맑아졌고, 물건을 정확히 배달했을 때 느껴지는 작고 확실한 성취감이 좋았다. 처음에는 물건만 나르는 일이라 생각했지만, 시간이 지나며 알게 되었다. 그 안에는 마음과 감정까지 함께 실려 다니고 있었다.

함께 있으니 서로가 보였다

남편과 함께 일하는 건 좋았다. 같이 있으니 대화도 늘고, 밥도 함께 먹고, 커피도 마실 수 있었다. 자연스레 친밀감도 깊어졌다. 역시 부부는 함께 있어야 친해지는구나. 혼자 감탄하기도 했다. 하지만 시간이 지나면서 좋은 일만 있는 것은 아니었다. 코로나 시기라 물량이 폭주했고, 둘 다 지치고 피곤할 때면 예민해졌다. 하루에도 몇 번씩 거친 말투가 오가고, 나도 모르게 짜증이 올라왔다. '도와주러 나왔는데 왜 혼나는 기분이지?' 속으로 투덜댔다. '나 없이 혼자 해보지 그럼, 내가 뭐 하러 나왔나 몰라.' 마음속에 삐죽삐죽 뿔이 돋았다. 짜증이 나면 목소리 톤이 달라진다. 어떤 때는 말의 내용보다 그 톤에 더 화가 나기도 한다. 짜증 섞인 목소리는 마음의 상태를 그대로 드러낸다.

> "목소리는 그 사람의 감정을 그대로 보여주는 거울과 같다. 화가 나고 짜증이 올라오면 목소리도 평소보다 격앙되고 톤도 올라간다. 감정에 맞게 목소리도 긴장 상태로 변하는 것이다."
> - 『왜 우리는 늘 다투는 걸까?』, 신영호, 시그마북스

함께 있다 보면 기분이 좋을 때만 있는 건 아니다. 배가 고프거나, 피곤하거나, 이유 없이 예민한 날도 있다. 그러다 문득 웃음이 터지기도 한다. 비를 피해 뛰다 마주친 모습이 우스꽝스러워 피식 웃고, 그 웃음에 금세 화가 풀리기도 한다. 짜증은 그냥 짜증이 아니었다. 짜증을 낸다는 건 그만큼 마음을 터놓을 수 있다는 뜻이었다. 어색한 사이였다면 드러내지도 못했을 것이다. 짜증은 이해받고 싶은 마음, 고생한 걸 알아줬으면 하는 마음, 조금만 챙겨줬으면 하는 기대의 다른 이름이었다. 남편도 다르지 않았다. 혼자 하던 일을 함께하게 되니 신경이 쓰였을 것이다. 내가 힘들어하지 않을까, 다

치지 않을까 걱정하면서도 표현은 서툴렀다. 그 마음이 짜증이라는 겉모습 뒤에 숨어 있었다.

이제는 짜증 섞인 말이 들려도 왜 저러지 보다, 지금 좀 힘들구나 하고 바라보게 된다. 말이 거칠어질 때면 나도 모르게 스스로를 돌아본다. 마음을 추슬러 보면 짜증도 서서히 사라진다. 지금도 가끔 부딪친다. 피곤할 때는 말수가 줄고, 침묵이 오해로 이어질 때도 있다. 그래도 예전처럼 삐치거나 마음을 닫지 않는다. 이제는 짜증을 사랑으로 바꾸려 애쓴다. 택배 일을 하며 많은 것을 나눴다. 땀과 무게, 하루의 고단함, 말로 다 하지 못한 감정까지. 그 모든 순간에 짜증도 함께 있었다. 그렇다고 짜증이라는 사랑이 반갑기만 한 건 아니다. 그저, 사랑이 짜증의 얼굴을 하고 찾아올 때가 있다는 걸 이제는 안다.

사랑이 있는 고생이 기쁨이었네

어느 날, 김형석 교수님의 『백년을 살아보니』를 읽다가 한 문장이 눈에 쏙 들어왔다. '사랑 있는 고생이 기쁨이었네.' 책장을 넘기던 손이 멈췄다. 지금의 내 상황과 겹쳤기 때문이다. 남편을 돕고자 시작했지만 생각보다 쉽지 않았다. 무거운 상자, 쉴 틈 없는 몸, 매일 찾아오는 근육통까지, 택배 일이 고된 일이라는 걸 몸으로 배우고 있었다. 게다가 매일 붙어 있으니 좋은 말만 오가는 것도 아니었다. 그런 와중에 사랑 있는 고생이 기쁨이었다는 문장을 보는 순간, 삶의 지혜가 스며드는 듯했다.

> "나는 지금도 신체적 건강과 정신적 건강은 상호작용을 한다고 믿고 있다. 젊었을 때는 신체적 건강이 정신적 건강을 이끌어주나 나이 들면 정신적 책임이 신체적 건강에 더 큰 영향을 주는 것 같다."
> - 『백년을 살아보니』, 김형석, 덴스토리

"그렇게 들면 안 된다니까, 내가 할게 거긴 그냥 놔둬." 그럴 때면 울컥했다. 도와주려는 마음이었는데, 왜 이렇게 말하는지 억울하기도 했다. 그런데 사랑 있는 고생이 기쁨이었다는 문장을 읽고 나니 마음속 먼지가 털리는 듯했다. 짧은 문장이었지만 오래 묵은 감정을 다독여 주었다. 돌아보면, 택배 일을 하며 힘들었던 건 단순히 상자의 무게만이 아니었다. 남편이 더 고생한다는 걸 알면서도, 나도 힘들다는 걸 알아주지 않을 때 느껴지는 서운함이었다. 그 마음이 짜증으로 바뀌었다. 남편도 아마 비슷했을 것이다. 서로를 위하는 마음으로 일했지만, 표현 방식이 엇갈렸던 것이다. 예전에는 짜증이 날 때마다 속으로 이럴 줄 알았으면 나오지 말걸, 하며 후회하곤 했다. 하지만 요즘은 다르게 본다. 고생 속의 기쁨이 결국 사랑으로 향하고 있었구나. 피곤함도 억울함도 속상함도 결국은 사랑의 또 다른 얼굴이었다.

지금의 고생이 언젠가는 추억이 된다

비를 맞으며 상자를 켜켜이 쌓아 옮기던 순간도, 지금의 고생도, 흘린 땀방울도 언젠가 추억이 된다는 것을 안다. 비 오는 날, 온몸이 젖은 채 배달하던 그 순간조차 결국은 따뜻한 기억으로 남을 것이다. 무엇보다 그 시간 속에는 서로를 향한 마음이 고스란히 자리하고 있다. 요즘도 그 문장이 자주 떠오른다. 사랑 있는 고생이 기쁨이었네. 마치 누군가 내 일상을 조용히 안아주는 듯하다. 힘들어도 괜찮다. 우리는 지금, 함께 잘 살아내고 있으니까.

그러고 보면 잘 산다는 건 거창한 일이 아니었다. 하루를 무사히 끝내고 밥 한 끼 나누며, 서로에게 "오늘도 수고했어." 한마디 건네는 일이다. 가끔 싸우고, 가끔 토라져도 괜찮다. 같은 방향을 바라보고 있으니까. 세상에는 쉬운 일도 편한 길도 많지만 우리는 조금 불편하고 힘든 길을 택했다. 택배를 하며 몸은 피곤하지만, 마음은 단단하다. 어설프고 부딪히면서, 내 편이 있다는 안정감이 있다. 서로 다른 방식으로 애쓰고, 다른 언어로 말하지만 마음이 닿는 지점은 같다. 언젠가는 이 힘든 시절을 떠올리며 웃을 날이 올 것이다. 함께 땀 흘리고, 짜증 내고, 웃었던 그 시간이 반짝였다고 말할 수 있기를 바란다. 지금 이 순간도, 함께 버티는 하루가 우리를 만들고 있으니까.

짜증 속에도 사랑이 있다

짜증이 꼭 미움에서 비롯되는 것은 아니다. 오히려 반대일 때가 많다. 서운함을 표현할 수 있다는 것은 상대를 믿고 있기 때문이다. 불편함을 드러낼 수 있다는 건, 그만큼 편안함을 느끼고 있다는 의미이기도 하다. 짜증은 때때로 당신이라서 하는 말이라는 믿음의 다른 표현일 수 있다. 사랑하기 때문에 기대고, 기대기 때문에 실망하며, 그 실망이 말끝을 날카롭게 만들기도 한다.

그 바탕에는 당신이 내 사람이라는 전제가 있다. 물론, 짜증만으로는 충분하지 않다. 아무리 사랑이라도 계속된 짜증은 마음을 닫게 만든다. 짜증이 사랑이 되려면, 그 뒤에 진심이 있다는 것을 서로가 알아야 한다. 상대를 향한 짧은 미안함, 고단한 하루 끝의 위로의 한마디가 짜증을 사랑으로 바꾼다. 가능하다면 짜증으로 드러내기보다 말로 전하는 편이 낫다. 감정을 제대로 표현하지 못하거나 어휘가 부족하면, 마음속 답답함이 쉽게 짜증으로 흘러가기 때문이다. 절제된 감정 표현과 세련된 말투가 있으면 좋겠지만, 아직은 조금 아쉬움이 남는다. 조금씩 말로 전하는 연습을 하다 보면 마음도 가벼워지고 관계도 부드러워진다.

3.

커피 한잔의 위로

"모든 노동은 신성하다. 그저 물레를 돌려 실을 잣는 일일지라도 노동은 그 자체로서 신성한 것이다." - 토머스 칼라일

커피 한 잔이 마음을 다독인다

일을 하다 보면 오전에 한 번, 오후에 한 번, 커피 한잔을 기다린다. 점심은 대충 때우지만, 진짜 휴식은 따뜻한 믹스커피를 마시는 순간이다. 보온병에서 물을 꺼내 컵에 붓고 커피를 탄다. 젓는 단순한 동작 속에서 피로가 가라앉는다. 입안에 퍼지는 달콤한 맛은 카페라테보다 깊은 위로를 준다. "역시 이 맛이야." 차 안에서 마시는 한 잔의 믹스커피는 지친 몸과 마음을 잠시 멈추게 해준다. 나란히 앉아 마시는 커피 타임은 하루 중 가장 고요하고 소중한 순간이다.

땀 흘려 일하는 순간도, 커피 한잔을 마시는 순간도 삶의 소중한 장면이다. 믹스커피 한잔으로 피로가 다 사라지진 않지만, 오늘도 잘 버티고 있다는 마음은 분명 생긴다. 종이컵에 담긴 커피지만, 일하며 마시는 한잔은 하루를 다독이는 작은 위로다. "오늘 물량 많아? 오늘은 똥 짐(무거운 짐)이 많네." 짧은 대화를 나누고 다시 시동을 건다. 커피 한잔에 마음이 한결 가벼워진다. 믹스커피는 작지만, 확실한 위로다.

마음을 풀어주는 커피 한 모금

육체노동이든 정신노동이든, 힘겨움은 존재한다. 어떤 일이 더 힘들다고 단정하기는 어렵다. 사람마다 고유한 방식으로 힘든 시간을 견디기 때문이다. 다만 실외에서 일하는 사람은 날씨에 크게 영향을 받는다. 비가 오거나 더운 날에는 몸이 쉽게 지치고, 추운 날에는 고통이 더 커진다. 그럴 때 짧은 휴식은 마음을 달래고 피로를 내려놓게 한다. 차 한잔은 단순한 음료가 아니다. 심리적 피로까지 풀어주는 마법 같은 힘이 있다. 한 모금 마시면 마음이 편안해지고 다시 충전되는 느낌이다. 특히 커피는 여유를 줄 뿐 아니라 자율신경계에도 긍정적인 영향을 미친다. 따뜻한 커피를 마시면 장에서 행복 물질이 만들어지고, 변비 해소와 온몸의 혈류 개선에도 도움을 준다. 커피 향은 자연스레 마음이 편안하게 하고 잠시나마 일상의 긴장을 풀어준다.

> "따뜻한 커피는 하루에 2~4잔이 적당하다. 카페인은 교감신경을 활성화해 졸음을 쫓는다. 스트레스를 해소한다. 우울한 기분을 풀어 준다." - 「자율신경계」, 고바야시 히로유키, 성안당

작은 기쁨이 발걸음을 가볍게 한다

택배는 무거운 짐도 있지만, 가벼운 짐도 있다. 삶도 마찬가지다. 무거울 때도 있지만, 가벼운 순간도 존재한다. 무게가 클수록 발걸음은 더디지만, 그래도 우리는 기꺼이 나아간다. 어느 날, 택배를 조심스레 문 앞에 내려놓고 돌아서는데, 현관문이 열리면서 초등학생 아이가 방방 뛰며 외쳤다. "우와, 택배 왔다!" 그 짧은 한마디에 마음이 찡했고, 발걸음은 훨씬 가벼워졌다. 내가 누군가의 기쁜 하루를 가져다줄 수도 있구나. 작은 뿌듯함은 생각보다 깊게 남았다.

하루를 짊어지고 움직인다

남편의 하루는 세상이 잠든 시간에 시작된다. 새벽부터 무거운 눈꺼풀과 굳은 몸을 이끌고, 하루를 향해 부지런히 움

직인다. 나는 비교적 여유로운 아침을 보낸다. 남편이 배달 현장에 도착해야 그곳에서 일이 시작되기 때문이다. 정해진 출근 시간은 없지만, 오히려 그 자유로움 덕분에 택배 일이 매력적으로 느껴진다. 일이 시작되면 말하지 않아도 서로의 움직임이 자연스럽게 이어진다. 묵묵히 배송할 박스를 하나씩 챙긴다. 택배는 보기에는 단순해 보이지만, 실제로는 여러 사람의 손을 거친다. 하루 배송할 물량이 분류되어 차에 실리는데, 아무렇게나 올려놓으면 안 된다. 머릿속으로 배송 코스를 떠올린 뒤, 순서대로 차에 싣는다. 버스가 정해진 노선을 따라 달리듯, 택배도 정해진 순서와 코스를 따라 움직인다.

가끔 급하니 제 택배를 먼저 가져다 달라는 부탁을 받기도 한다. 마음은 이해하지만, 순서를 바꿀 수는 없다. 택배 차 안은 이미 배송 순서대로 꽉 차 있다. 한 박스를 꺼내려면 다른 박스들을 모두 뒤져야 한다. 찾기도 어렵고, 그렇게 하면 다른 배송이 늦어질 수밖에 없다. 우리는 묵묵히 정해진 길을 따라 순서대로 움직일 뿐이다. 택배 박스는 단순히 문 앞에 놓이는 것이 아니다. 고객에게 도착하기까지 수십 번의 손길을 거친다. 물건을 픽업하면 각 지역 터미널로 모이고,

다시 배달 지역으로 향한다. 도착한 물건은 구역별로 나뉘고 택배기사는 자신의 구역 물량을 차곡차곡 정리해 싣는다. 그렇게 하루에 수많은 상자가 사람들의 손으로 전해진다. 우리가 지급하는 택배비는 최종적으로 배달하는 택배기사에게만 돌아가는 것이 아니다. 회사와 관련된 여러 과정을 거친 사람들에게 나누어 지급된다.

나의 일은 택배차에서 물건을 내려 정리한 뒤, 카트에 실어 배달하는 것이다. 주소를 확인하며 배달하고, 엘리베이터가 없으면 계단을 오르내리기도 한다. 어느 순간 팔과 어깨, 허리와 다리가 내 몸 같지 않고 여기저기서 신호를 보낸다. 그럴 때면 묵묵히 배달하는 남편을 바라보며 다시 움직인다. 숨이 턱까지 차오를 때도 많다. 택배는 일상을 온몸으로 짊어지고 나르는 일이다.

사람과 사람을 이어주는 하루

아파트 단지를 돌다 보면 다양한 사람을 만난다. 마주 보고 인사하지 않아도, 모두 하루라는 시간 속을 함께 걷고 있다. 누군가는 아이를 유치원에 데려다주고, 누군가는 약속에 늦을까 뛰며, 누군가는 피곤한 얼굴로 쓰레기봉투를 들고 나온다. 다들 바쁘고 지치지만, 각자의 자리에서 성실하게 하루를 살아간다. 가끔 이런 생각을 한다. 우리는 각자 다른 길을 걷는 듯 보이지만, 서로 연결되어 있다. 누군가에게 도움을 주고, 누군가에게서 도움을 받으며 살아가기 때문이다.

> "이런 말을 하면 이상하게 들리겠지만, 나는 나와 온 세상의 과거, 그리고 현재 모든 사람과의 사이에 연관이 있음을 안다. 나는 이것을 통감한다."   - 『인생이란 무엇인가 2』, 톨스토이, 동서문화사

도시 위를 오가는 수많은 택배 속에는 각자의 하루가 담겨 있다. 그것은 단순히 물건을 옮기는 일이 아니라 사람과 사람 사이를 이어주는 연결 고리다. 우리는 서로의 어려움을 짊어지고 살아가지만, 그 무게 덕분에 힘이 되고 위로가 된다. 고단한 하루 속에서도 찾아오는 작은 위안이, 오늘을 버티고 내일로 나아가게 하는 힘이 된다.

4.

계단을 오르며
다스린 마음

"나는 한꺼번에 일곱 개의 계단을 뛰어오르려고 하지는 않는다. 다만 한 번에 하나씩 뛰어넘을 수 있는 일을 찾는다."

- 워런 버핏

계단 위, 지금에 집중하다

계단을 오를 때면 정신이 바짝 든다. 상자에 가려 시야는 좁고, 무게는 묵직하다. 발을 잘못 디디면 위험하다. 몸의 중심을 단단히 잡고 한 발씩 옮긴다. 매일 오르내리지만 한 번도 대충 해본 적은 없다. 계단 위에서는 오직 지금, 이 순간에만 집중하게 된다. 숨이 차고 무릎이 욱신거릴 때면 발끝에만 온 마음이 쏠린다. 그러면 신기하게도 머릿속 잡생각이 사라진다.

계단을 오르는 건 고단하지만, 마음을 맑게 만든다. 가끔 반려견이 있는 집에서는 올라가자마자 멍멍 짖는 소리가 들린다. '누구냐 넌?' 같기도 하고, '또 왔어?' 같기도 하다. 반려견에게 택배는 반가운 존재가 아닐 수도 있다. 낯선 사람이 와서 문 앞에 상자를 두고 가는 수상한 존재처럼 느껴질지도 모른다. 그래서 조심스럽게, 재빠르게, 그리고 조용히 상자를 내려놓는다.

문 앞에 상자를 두면 하나의 배달이 끝난다. 초인종도 노크도 없다. 마치 스파이 영화의 주인공처럼, 조용히 임무를 완수한 기분이다. 내려오는 발걸음이 한결 가볍다. 아무도 보지 않지만, 분명히 일을 마쳤다. 계단은 느리다. 시간이 더 걸리고, 몸도 피곤하지만, 그 안에는 오직 내 속도대로, 내 호흡대로 움직일 수 있다. 배달을 마친 성취감이 쌓이면, 그것이 하루가 된다.

엘리베이터, 말 없는 심리의 시간

엘리베이터는 묘한 공간이다. 좁고 조용하며, 할 말도 할 일도 없다. 혼자 타든, 누군가와 함께 타든 들어서는 순간부터 어색한 기류가 흐른다. 가만히 서 있기만 해도 괜히 긴장

된다. 말하지 않아도 서로를 의식하고, 짧은 침묵 속에서 수많은 정보가 오간다. 사람은 누구나 관찰자다. 엘리베이터 안에서는 그 본능이 유난히 활발해진다. 누가 먼저 탔는지, 몇 층을 누르는지, 옷차림과 손에 든 물건까지 머릿속에서 자동으로 분류된다. 순식간에 상대의 직업, 성격, 기분까지 추측하게 된다.

'몇 층 가세요.'라는 건조한 말투는 깔끔한 성격처럼 보이고, 침묵하며 모서리를 바라보는 모습은 낯가림이 심한 사람처럼 느껴진다. 별일 없어도 상상의 나래는 분주하다. 나 역시 누군가의 시선 속 관찰 대상이다. 운동화에 묻은 먼지, 손에 든 상자, 그날의 표정까지 모든 게 나를 설명한다. 아무 말 하지 않아도, 누군가는 이미 결론을 내릴지도 모른다. 여자가 택배를 한다는 사실에 놀랄 수도 있다.

가끔 말을 건네는 사람도 있다. 대부분 연세가 있는 어르신이다. 열심히 사는 모습 보기 좋다는 말은 들을 때마다 힘이 된다. 어느 날, 유치원생이 나를 뚫어지게 보더니 택배 아저씨라고 외쳤다. 그러자 엄마가 웃으며 택배 이모라고 알려준다. 좁은 사각형 안에서 생기는, 짧지만 따뜻한 에피소드다. 누군가 "안녕하세요."라고 인사하면 공기가 순식간에 부드러워지고, 내리면서 "안녕히 가세요."라고 말하면, 누구에게 한 건지 몰라 어리둥절할 때도 있다. 그럴 때 누군가 대표로 "안녕히 가세요."라고 받아주면, 분위기가 한결 수월해진다. 엘리베이터는 이렇게 말없이 만나고, 말없이 흩어진다. 매일 같은 움직임이지만, 그 안에서 벌어지는 일은 매번 다르다. 계단이 내면의 집중과 육체의 시간이라면, 엘리베이터는 사람과 사람 사이의 조용한 심리 시간이다. 짧은 순간에도 마음과 마음이 스쳐 지나간다.

걸으며 멈추며 배운다

택배 일을 하다 보면 하루 걸음 수가 만 보에 이른다. 엘리베이터를 타고, 계단을 오르고, 다시 걷고 또 걷는다. 땀이 비 오듯 흐르는 여름이든, 손끝이 얼얼한 겨울이든 상관없다. 배달은 걷지 않고서는 끝나지 않는다. 흥미로운 건, 걸음이 단순히 몸만 쓰는 일이 아니라는 점이다. 걸을수록 마음도 함께 움직인다. 발걸음을 옮기다 보면 생각이 따라오고, 감정이 정리되며, 고민이 풀린다. 몸을 움직이면 생각도 함께 움직인다. 그래서일까, 수많은 운동 중에서도 걷기가 우리 몸과 마음에 가장 이로운 일이다.

"하루에 20분씩 걸으면 노인들의 지적 장애를 일으키는 중요한 원인 가운데 하나인 뇌졸중 같은 발작을 일으킬 위험이 57퍼센트 낮아진다." - 「브레인 룰스」, 존 메디나, 프런티어

걷기에는 묘한 힘이 있다. 걸으면 복잡했던 마음이 차분해지고, 스스로를 다독이는 느낌이 든다. 잠시 멈춰 숨을 고르는 순간은 마치 영상의 일시 정지 버튼을 누른 듯 또렷하다. 고개를 들면 하늘은 넓고, 눈앞의 작은 꽃 하나도 새삼 예쁘다. 멈춤이 하루를 다르게 만든다. 쉴 새 없이 걷기만 하면 지치고, 멈추기만 하면 삶이 흐르지 않는다. 적당히 걷고, 적당히 멈추는 것, 그게 사람답다.

길 위에서는 사람도, 날씨도, 기분도 늘 달라진다. 발걸음이 가벼운 날도 있고, 천천히 무겁게 걷는 날도 있다. 멈출 때 멈추고, 걸어야 할 때 묵묵히 걷는 것, 그것이 인생 아닐까. 누군가는 택배 일을 고된 노동이라 말하지만, 내게는 마음을 다듬는 시간이다. 계단을 오르며 집중을 배우고, 엘리베이터 안에서 사람을 이해하는 법을 익힌다. 걷고, 잠시 멈추는 순간들이 쌓여 지금의 우리를 만든다.

길 위에서 하루를 만나다

매일 반복되는 일상 속에서 걷고, 멈추고, 보고, 느낀다. 택배는 단순한 배달이 아니다. 그 안에는 삶이 숨어 있다. 누군가 삶이 왜 이렇게 복잡하냐고 묻는다면, 이렇게 말하고 싶다. 걷다 보면 조금씩 단순해져요. 화려한 성공도, 멋진 직함도 없지만, 하루를 묵묵히 채우며 살아간다. 길 위에서 단단함을 배우고, 화려하지 않아도 괜찮다는 것을 배운다. 자신을 알아가는 것만으로 충분하다. 오늘도 걷는다. 다시, 천천히, 나답게.

5.
피곤함 속에서도
나를 지키는 법

"봄에는 꽃이 피어서 좋고 가을엔 달이 밝아서 좋다. 여름엔 시원한 바람이 불어서 좋고 겨울엔 눈이 내려서 좋다. 무슨 일이든 마음에 담아두지 않고 한가롭게 지낸다면, 이것이 바로 호시절이라네."
― 『무문관』

오늘도 웃을 수 있어서 다행이다

피곤해도 웃을 수 있는 건 긍정적인 생각 덕분이다. 오늘도 몸은 무겁지만, 마음만큼은 가볍게 두기로 한다. 몸이 고되다고 마음까지 무겁게 만들 필요는 없다. 이왕 일하는 거, 이렇게 생각해 본다. 오늘도 일할 수 있어 다행이다. 내일 쉴 땐 뭐 먹지. 그 작은 생각 하나만으로도 마음은 훨씬 가벼워진다. 똑같이 힘들어도 속마음이 웃고 있으면 하루가 견딜 만하다.

택배를 하다 보면, 남편이 가끔 음료수를 건네준다. 고객이 전해주거나, 택배기사를 위해 문 앞에 놓아둔 것이다. 그 음료수를 받아 들면 미소가 지어진다. 작고 사소한 배려가 고단함을 덜어주는 위로가 된다. 물론 그런 날만 있는 건 아니다. 갑자기 쏟아지는 비에 옷이 젖을 때면 혼잣말처럼 중얼거리기도 한다. 참, 다이내믹하다.

별일 아닌 순간에도 일부러 고마움을 찾는다. 오늘도 사고 없이 마무리해서 다행이다. 발바닥은 아프지만, 아직 괜찮다. 고마움을 키우다 보면, 다독이는 법도 저절로 익혀진다. 택배 일을 시작한 뒤 친구가 묻는다. 요즘 살 빠졌어. 그럴 땐 웃으며 답한다. 생기 있어 보이지. 긍정은 살아 있는 힘이다. 자기 상태를 유쾌하게 표현할 수 있다는 건, 그만큼 잘 버티고 있다는 증거다. 피곤한 와중에도 웃을 수 있다면, 그것만으로도 강력한 무기다. 유머는 고단함을 가볍게 넘기는 지혜다.

움직이니 몸과 마음이 달라졌다

피로가 꼭 나쁜 것만은 아니라는 걸 배운다. 직장 생활을 하던 시절, 하루 종일 의자에 붙박인 채로 지냈다. 움직임이라고는 화장실 가는 정도였고, 앉아만 있으니 스트레스가 꼬리를 물었다. 속은 늘 더부룩했고, 왜 이렇게 소화가 안 되냐며 음식 탓만 했다. 하지만 원인은 음식이 아니라 환경이었다. 활동량은 거의 없고 긴장만 쌓였다. 몸은 온통 멈춤 상태였다. 점심은 대충 때우기 일쑤였고, 오후에는 졸음과 싸우는 게 일이었다.

택배 일을 시작하면서 하루가 달라졌다. 하루 종일 걷고, 짐을 들고, 비 오는 날에는 비옷을 입은 채 우산까지 챙겼다. 남자들은 비를 맞으며 일하지만, 나는 아직 그 경지는 아니었다. 날씨에 따라 고된 날도 많았지만 몸은 의외로 긍정적인 변화를 보였다. 배가 고팠고, 입맛이 돌아왔다. 무엇보다 소화가 잘됐다. 누군가는 그 당연한 걸 이제야 알았냐고 할지도 모르지만, 당연한 일을 몸으로 겪으며 비로소 실감했다. 땀을 흘리면 스트레스가 빠져나가는 듯했고, 기분은 상쾌해졌다. 깊은 잠이 찾아왔고, 신경도 한결 덜 예민해졌다.

움직이면 마음이 풀린다

몸을 아끼는 것이 자신을 지키는 길이라고 믿었다. 그래서 움직임을 줄이고, 체력을 아껴두고, 무리하지 않는 것이 답이라고 생각했다. 하지만 지금은 다르다. 움직이는 것이 오히려 몸을 살리는 일이 되었다. 아이러니하게도, 힘든 일을 하면서 몸은 더 건강해졌다. 앉아 있으면 생각이 많아지고, 사소한 말에도 상처받는다. 몸은 멀쩡한데 마음은 폭풍 속에 있는 셈이다. 반대로 몸을 움직이면 짜증도 금세 사라진다. 누가 뭐라 해도 바로 다음 집으로 향해야 하니 잡아둘 틈이 없다. 걷고 나르면 어느새 마음도 풀려 있다. 움직임은 마음의 해독제다. 몸은 지쳐도 마음은 가벼워진다. 이 감각은 앉아만 있을 때는 느껴보지 못한다. 오랜 시간 의자에 앉아 있는 것이 우리 몸에 얼마나 해로운지 말이다.

"상당히 긴 시간 동안 앉아 있는 것은 여러 가지 면에서 인간의 몸에 나쁘다. 오랜 시간 가만히 있으면 혈액순환이 나빠진다. 이는 대사 폐기물이 근육에서 빠져나오지 못한다는 뜻이다."

- 『의자의 배신』, 바이바 크레건리드, 아르테

몸이 살아야 마음도 산다

움직이라고 택배 일을 하라는 말은 아니다. 다만 몸은 가만히 있을 때보다 움직일 때 살아 있다는 걸 알게 된다. 어쩌면 우리는 편안한 자세만 고집하며 살아온 건 아닐까. 너무 오래 앉아 있고, 눌려 있고, 참고만 살아온 건 아닐까. 몸이 멈추니 마음도 멈추었던 건지도 모른다. 멈춤을 깨준 것이 택배 일이었다. 일은 여전히 피곤하지만, 예전에 느낀 피곤함과는 다르다. 앉아서 느끼던 피로는 쌓여 곪았지만, 움직이면서 느끼는 피로는 흘러서 비워진다. 그 속에서 몸도 마음도 조금씩 회복된다. 움직이는 삶은 분명 힘들다. 하지만 동시에 건강하고 자유롭다. 움직인다는 건 살아 있다는 감각을 되찾는 일이다. 오늘도 그 감각 덕분에 버틴다. 아니, 잘 살아내고 있다.

명랑함은 마음의 무기다

다른 사람을 의식하며 사는 것은 피곤하다. 타인의 눈빛을 일일이 해석하다 보면, 마음은 예민해지고 금세 지쳐버린다. 무거운 손수레를 끌 때마다, 누군가의 시선이 불편하게 느껴지곤 했다. 하지만 시간이 지나면서 마음을 바꾸기로 했다. 마음을 명랑하게 가지자. 누군가 먼저 건네는 인사에 기분이 좋아지듯, 내가 먼저 인사를 건네도 마음이 환해진다.

어차피 남의 생각은 바꿀 수 없다. 중요한 것은 자신의 기분을 밝히는 것이다. 억지로 꾸미는 것이 아니라, 편안하고 즐겁게 마음을 두는 일이다. 명랑함은 타고나는 성격이 아니다. 선택이다. 기분이 좋아야 명랑해지는 게 아니라, 명랑하게 마음먹으면 기분이 따라온다.

 남이 어떻게 보든, 중요한 건 내가 나를 어떻게 바라보느냐이다. 타인의 생각은 바꿀 수 없지만, 받아들이는 태도는 선택할 수 있다. 그것이 바로 마음의 밝기다. 피곤한 하루에도 명랑함을 잃지 않으면, 세상은 조금 다르게 비친다. 우리 자신을 지켜주는 것은 남의 인정이 아니라, 스스로를 웃게 만드는 힘이다.

6.

감정의 근육을 다지다

"긍정적 사고를 가지고 자신의 감정이나 미덕을 개발하면 사람은 누구나 행복해질 수 있다."
- 마틴 셀리그만

감정에도 체력이 필요하다

몸이 피곤하면 쉬면 된다. 하지만 마음이 피곤하면 어떻게 해야 할지 막막하다. 어쩌다 이렇게까지 지쳤을까. 그건 감정도 소모된다는 사실을 잊기 때문이다. 누군가의 눈치를 보고, 불편한 대화를 이어가고, 억지 미소를 지으면 하루치 감정이 바닥난다. 그럼에도 마음이 튼튼할 거라고 착각한다.

감정도 근육처럼 단련해야 단단해진다. 아무 훈련 없이 무거운 바벨을 들 수 없듯, 준비 없이 불편한 상황에 잘 대처하기란 어렵다. 감정에도 체력이 필요하다. 헬스장에서 스쿼트를 하면 허벅지가 불타듯, 감정 스쿼트는 마음을 욱신거리게 한다. 뭐 어때, 별일 아니지 하고 넘기는 것, 그것이 바로 감정 스쿼트다. 억울할 때도 있고, 왜 나만 참아야 해? 하는 순간도 많다. 하지만 연습이 쌓이면 어느 순간 마음의 허벅지가 튼튼해진다. 툭 건드려도 쉽게 무너지지 않는, 감정 체력이 생긴다.

감정은 지나간다

하루 동안 감정을 쓰고 나면, 밤이 되면 마음에 근육통이 찾아온다. 마음을 단련했다는 뜻이다. 괜히 욱하지 않았고, 남 탓을 하지 않았다는 증거다. 때로는 내가 왜 이렇게 예민하지 하고 자책할 수도 있다. 그럴 때도, 감정 근육이 자라는 과정일 수 있다. 스스로를 다독이고, 천천히 들여다보면 된다. 하루하루 쌓인 감정 근육은 단단한 자신을 만든다. 감정은 연료가 아니라 체력이다. 아무리 타고난 성격이 밝아도, 아무리 긍정적이어도, 훈련하지 않으면 쉽게 무너진다. 감정도 꾸준히 돌보고 키워야 한다. 삶의 난관 앞에서 열린 마음으로 머무는 법은, 감정을 들여다보고 알아차리는 데서 시작된다. 감정은 결국 지나간다. 그것이 일시적인 현상임을 아는 것만으로도 마음은 한결 가벼워진다.

"기분이 좋지 않을 때는 먼저 자기를 돌봐야 한다는 점을 인정한다. 스스로에게 연민을 보여주고 판단하거나 비판하는 생각에 귀 기울이지 않는다."

- 『오늘 아침은 우울하지 않았습니다』, 힐러리 제이콥스 헨델, 더퀘스트

감정도 휴식이 필요하다

감정이 지쳐도, 제대로 쉬지 못한다. 멍하니 넷플릭스를 보거나, 폭풍 쇼핑을 하며 쉰다고 착각하기 쉽다. 진짜 감정 휴식은 자기에게 솔직해지는 시간이다. 하루 10분, 아무에게도 보여주지 않은 마음을 꺼내보는 순간에 오늘 좀 속상했어, 사실은 그 말에 상처받았어. 이렇게 스스로에게 고백하는 시간이야말로 진짜 감정 회복이다. 감정도 쉬는 법을 배워야 회복되고, 다시 뛸 힘을 얻는다.

감정은 하루에도 수없이 출렁인다. 몸은 거울에 비치지만, 마음은 보이지 않는다. 마음은 몸보다 훨씬 예민하다. 작은 말에도 흔들리고, 사소한 시선에도 움츠러든다. 마음을 챙기는 것은 선택이 아니라 균형이다. 감정 체력이 있다는 것은 화를 안 내거나 상처를 받지 않는다는 뜻이 아니다. 상처를 받아도 오래 끌지 않는 힘, 속상해도 금방 회복하는 힘, 그것

이 진짜 감정 체력이다.

평온한 마음은 잔잔한 호수와 같다. 누군가 돌을 던지면 처음에는 크게 출렁인다. 화가 나고 속이 상하며, 어딘가 찢어진 기분이 들기도 한다. 하지만 감정 체력이 있는 사람은 조금만 기다리면 고요를 되찾는다. 반복 훈련처럼 쌓아 가면, 마음도 차츰 단단해진다. 누군가의 말에도 덜 흔들리고, 예상치 못한 상황에도 덜 소모된다.

감정도 씻어야 한다

매일 잠깐 감정을 씻어내는 시간을 만들어보자. 마음을 말끔히 정리하는 짧은 감정 샤워다. 억지로 기분을 좋게 만들 수는 없지만, 흐름을 살짝 틀어 방향을 잡아주는 것은 가능하다. 무조건 밝게 살라는 말이 아니다. 감정을 내버려두지 않고 스스로 다스리는 것만으로 충분하다. 인간은 동물과 달리 감정을 조절할 수 있는 특별한 존재다. 감정은 마음뿐 아니라 몸에도 깊은 영향을 준다. 긍정적인 감정은 건강을 돕지만, 격한 감정을 그대로 두면 스트레스 호르몬이 분비되어 염증 반응을 일으키고, 심장에도 부담을 준다. 화가 치밀거나 상황을 바꿀 수 없을 때는, 잠시 멈춰 호흡을 고르고 편안한 자세를 취하는 것이 가장 현실적이고 효과적인 방법이다. 이렇게 작은 습관이 감정을 부드럽게 하고, 마음과 몸 모두를 지켜준다.

> "내가 화를 낸다고 주변 사람의 행동이 달라지는 것은 아니다… 나는 앞으로 화내는 대신, 그런 상황을 주어진 것으로써 받아들일 것이다."
>
> - 『감정사용설명서』, 롤프 메르클레, 도리스 볼프, 생각의날개

성격이 좋고 멘탈이 강한 사람도, 감정 체력이 약하면 어느 순간 쉽게 무너진다. 오늘 하루, 자신의 감정이 어디쯤 있는지 살펴보자. 많이 지쳤다면 충분히 쉬어주고, 단단해졌다면 스스로 칭찬하자. 잊지 말자. 마음이라는 호수는 언제든 잔잔함을 되찾을 수 있다. 감정 체력만 잘 챙기면, 돌 하나쯤은 금방 가라앉는다.

음식은 마음의 위로다

감정의 체력은 무조건 참는 힘이 아니다. 오히려 제대로 쉬고, 풀고, 해소할 줄 아는 능력에 가깝다. 오늘 마음이 상했는데, 아무 일 없다는 듯 넘긴다면 감정은 어디로 갈까. 쌓

이다 언젠가 엉뚱한 순간에 터진다. 이렇게 해보자. 오늘은 나를 위로하는 날이야. 마음속으로 그렇게 말하며 배달앱을 켜거나, 시장에 들러 재료를 사 오거나, 냉장고 문을 연다. 먹는 게 뭐 대수냐며 생각해도, 한입 베어 무는 순간 마음은 솔직하게 반응한다. 아, 이 맛이야. 한 숟가락 뜰 때마다 굳었던 감정이 조금씩 풀려간다.

어긋난 마음, 억울했던 순간, 미처 하지 못한 말까지 밥 위에 올려 씹어 삼켜보자. 음식이 주는 위로는 생각보다 크다. 행복은 멀리 있지 않다. 어렵지도 않다. 하루 세 번의 식탁 위에서도 충분히 행복을 찾을 수 있다. 사랑하는 사람과 함께 음식을 나누는 순간, 평범한 시간이 바로 행복의 시작이 된다.

"한국인이 하루 동안 가장 즐거움을 느끼는 행위는 두 가지로 나타났다. 먹을 때와 대화할 때." - 『행복의 기원』, 서은국, 21세기북스

먹는다는 것은 단순한 행위처럼 보이지만, 사실 감정 정리가 함께 들어 있다. 음식을 씹고 삼키고 내려보내는 동안 마음도 함께 정리된다. 소화가 끝나면 기분이 한결 가벼워진

다. 음식을 통해 감정을 다독이는 것은, 마음의 소화 작용과 같다. 자신만의 소울 푸드를 아는 사람은 반쯤은 자기감정의 전문가다. 좋아하는 음식, 기분 좋을 때 듣는 음악, 지칠 때 찾는 장소. 이런 것을 알고 있다는 것은 자신을 돌보는 방법을 안다는 뜻이다. 그런 사람은 감정 체력도 강하다. 흔들려도 오래 흔들리지 않고, 감정이 상해도 금세 회복할 줄 안다.

오늘 마음이 상했다면, 그냥 참지 말자. 억지로 웃지도 말자. 오늘만큼은 자신을 위해 가장 맛있는 걸 먹자. 이건 단순한 폭식이 아니다. 감정 회복식이다. 오늘 하루 누구보다 고생한 자신에게 주는 맛있는 위로 한 끼면 충분하다. 한 끼씩 그렇게 감정 체력을 키워간다. 음식은 단순히 배를 채우는 수단이 아니다. 음식은 추억이고, 향기이며, 온기다. 음식은 위로가 된다. 누군가에게는 엄마가 해주던 잔치국수 한 그릇이, 누군가에게는 매콤한 떡볶이 하나가 구급약이 될 수 있다. 맛있는 것은 그 자체로 위로다. 이유가 필요 없다. 감정이 상한 날, 좋아하는 음식을 먹는다는 것은 단순한 위로를 넘어 자신을 챙기는 행위이자 마음을 외면하지 않겠다는 작은 다짐이 된다.

5장

읽고 쓰며
하루를 살아내다

책과 글, 일. 세 가지가 삶에 있다는 것이 고맙다.
책 덕분에 마음이 놓이고, 글 덕분에 감정이 흘러나오며,
일 덕분에 자신을 붙들 수 있다.
하나의 순간은 작지만 모여서 삶이 된다.
오늘도 진지하게 책을 읽고, 유쾌하게 글을 쓰며, 성실하게 일한다.
이것이 자신을 지키고 세상과 연결되는 따뜻한 방식이다.

1.

책장을 넘기며
하루를 버틴다

"책을 읽는다는 것은 나 자신을 찾는 일이다."

- 보르헤스

책은 마음의 보약이다

하루를 살다 보면 숨 막히는 순간이 찾아온다. 스트레스에서 잠시라도 벗어나고 싶다. 그럴 때 필요한 것은 깊게 숨을 쉴 수 있는 시간이다. 그 시간이 바로 치유다. 사람은 힘든 순간을 어떻게 견딜까. 각자만의 필살기가 있는 걸까. 나에게 그 답은 책이었다. 기억을 더듬어 보면 39세 생일날, 극적으로 숨 쉬는 방법을 알게 되었다. 책과 담쌓고 지낸 지 오래였지만, 삶이 힘들고 마음이 괴로울 때, 책만큼 큰 위로는 없었다. 책은 전혀 다른 세계로 데려다준다. 사고의 폭을 넓혀주고, 갇혀 있는 현실이 전부가 아님을 알려준다.

힘든 시절 책을 만나면서 느낀 감동은 아직도 선명하다. 삶에 찌들어 비틀거리며 지쳐 잠들던 날의 연속이었다. 지푸라기라도 잡듯 책을 붙들었다. 책은 산삼이자 보약이었다. 책장을 덮고 나면 불끈 힘이 솟았고, 다시 살아갈 생명력을 얻곤 했다. 일요일이면 하루 종일 방 안에 틀어박혀 책을 읽었다. 창밖 해가 넘어가는 걸 보며 벌써 오후가 되었다는 사실에 놀라곤 했다. 시간이 그렇게 흘렀다는 사실조차 모를 정도로 몰입했다. 신기했다. 그렇게 시작한 독서의 세월이 어느새 10년을 훌쩍 넘겼다.

포스트잇에 적힌 『자조론』의 한 문장이 눈길을 붙잡는다. 그 문장을 읽는 순간, 마음이 덩실 춤추는 듯했다. 좋은 친구를 만난 듯 기쁨이 밀려왔다. 독서를 시작했을 무렵, 온몸에 전율을 주는 글이 너무나 많았다. 모든 글이 새로웠고 사막에서 만난 오아시스 같았다. 책은 생명수가 되었고, 지친 하루를 견디는 힘이었다.

"좋은 책은 좋은 친구가 될 수 있다. 그것은 과거에도 그랬고 지금도 그러하며 앞으로도 그럴 것이다. 좋은 책은 참을성 있고 기분 좋은 친구다." - 『책벌레들의 동서고금 종횡무진』, 김삼웅, 시대의창

책은 삶의 지혜를 전해주는 도구이자, 감정을 다독여주는 상담사이자 의사다. 가끔은 독서를 처음 시작했던 설렘을 다시 느껴보고 싶어진다. 가능할까 하고, 당시 읽었던 책을 다시 펼쳐본다. 좋은 글과 지혜는 여전히 그 자리에 있었지만, 느끼는 감정은 달랐다. 달라진 것은 책이 아니라 나였다. 지치고 힘들었던 시절, 책 한 장은 하루를 버티게 하는 힘이었고, 문장은 깊게 마음에 스며들었다. 물론 지금도 힘든 날의 연속이다. 하지만 헤라클레이토스의 말처럼, 같은 강물에 두 번 발을 담글 수는 없다. 그때의 절실함과는 다른 오늘을 살기 때문이다. 그 세월을 지나, 지금은 더 단단해진 마음으로 책을 펼친다.

 책이 피로를 슬며시 덜어준다. 잠시 현실을 벗어나 편안한 안식처로 들어서면 언제나 큰 힘이 된다. 우리는 수많은 일에 시달린다. 책은 반복되는 업무, 지친 몸, 끊임없이 밀려오는 걱정 속에서, 잠시 숨 쉴 틈을 내어주고 친구가 되어준다. 함께 웃고 울며 고통을 나누는 동안 마음이 조금씩 가벼워진다. 글자 하나하나를 따라가다 보면 어느새 자신도 그 속에 스며든다. 단순히 지식이나 정보를 얻기 위해서가 아니다. 그보다 중요한 것은, 책이 건네는 감정적 위로와 새로운 통찰이다. 단순한 활자가 아니라, 힘든 순간 버티게 한 숨결이자 오래된 친구이다.

좋은 책은 타이밍이다

식탁에 앉는 걸 좋아한다. 식탁은 단순히 밥만 먹는 장소가 아니다. 몸의 양식과 마음의 양식을 동시에 채우는 곳이다. 나에게 식탁은 책상이자 작은 도서관이다. 식탁 위에는 늘 책이 쌓여 있다. 언제든 펼쳐볼 수 있도록 손이 닿는 거리에 둔다. 꼭 읽지 않아도 괜찮다. 책이 곁에 있다는 사실만으로도 마음이 흐뭇하다. 하루에 몇 줄이라도 읽으면 그 문장이 생활 속에 스며든다. 짧은 문장 하나가 마음의 양식이 되고, 밥 한 숟가락보다 든든할 때가 있다. 책은 하루를 버티게 하는 필수 아이템이다. 짧은 쉼, 작은 위로가 식탁 위에서 피어난다.

반복되는 업무와 끊이지 않는 걱정 속에서 마음은 점점 좁아진다. 안중근 의사는 '하루라도 책을 읽지 않으면 입안에 가시가 돋는다.'고 했다. 정말 그렇다. 책을 놓치면 생각이 막히고, 감정이 무뎌지며, 말은 거칠어진다. 사람 사이의 거리, 말의 온도, 감정의 균형처럼 사소하지만 중요한 문제를 어떻게 다스릴 수 있을까. 책에서 답을 찾는다. 무심코 넘긴 페이지에서 마음을 치는 문장을 만날 때가 있다. 짧은 글귀 하나가 마음을 씻어주듯 시원하다. 언제, 어디서 마음을 건드릴 문장이 튀어나올지 모른다. 문장 하나가 마음을 환하게 밝히는 순간, 그때 책의 마법이 시작된다.

> "우리는 자신과 자신의 일상을 잊고자 책을 읽어서도 안 된다. 이와는 반대로 더 의식적으로, 더 성숙하게 우리의 삶을 단단히 부여잡기 위해 책을 읽어야 한다."
>
> - 『헤르만 헤세의 독서의 기술』, 헤르만 헤세, 뜨인돌

부부 사이가 껄끄럽거나 마음이 답답할 때면, 관련된 책을 펼친다. 꼭 답을 찾지 않아도 괜찮다. 읽는 것만으로도 마음이 한결 가벼워진다. 혼자만 그런 거 아니야. 짧은 한마디가 위로가 되고, 생각의 폭이 넓어진다. 모르면 불안하지만, 알게 되면 상황이 보이고 길이 열린다. 알면 안심이 되고, 안심되면 편안하다. 오늘도 궁금한 마음으로 책을 펼친다. 책은 언제나 답을 주거나, 적어도 마음을 진정시켜 주는 현명한 친구다.

하루의 끝, 소파에 앉아 책을 펼친다. 피곤한 눈으로 몇 줄 읽다가 꾸벅꾸벅 졸기도 하지만 괜찮다. 어떤 날은 한 줄이면 충분하고, 어떤 날은 한 페이지면 충분하다. 가끔은 마음을 울리는 문장을 만나고, 어떤 날은 그냥 덮는다. 책을 바꿔가며 읽기도 하고, 재미없으면 과감히 내려둔다. 남들이 말하는 좋은 책이 나에게도 좋은 책일 필요는 없다. 진짜 좋은 책이란 지금의 나와 맞는 책, 지금의 고민과 상황에 착 달라붙는 책이다. 책은 오늘을 돌아보게 하고, 내일을 살아갈 힘을 준다. 눈은 감기지만 마음은 포근해진다. 그 짧은 순간, 세상은 여전히 따뜻하다고 느낀다.

책은 현재와 통한다

책은 생각보다 진지하고 무거운 존재만은 아니다. 들춰보면 의외로 유쾌하고, 말장난도 하고, 수다도 떨며, 때로는 엉뚱하기까지 하다. 책을 읽을 때 공부하듯 임하지 않는다. 오히려 놀듯 다가간다. 가끔은 중간부터 읽고, 앞뒤를 가릴 필요 없이 꽂히는 문장부터 펼친다. 요리책처럼 필요한 부분만 쏙쏙 골라 읽기도 한다. 어떤 날은 밑줄만 따라가다 끝나고, 어떤 날은 목차만 봐도 기분이 좋아진다. 처음부터 끝까지 정독해야 한다는 강박에서 벗어나면, 독서는 훨씬 가벼워지고 즐거워진다.

  혼자 중얼거리며 이건 찰떡이다, 기가 막힌 표현이다, 감탄할 때가 있다. 가끔은 책이 내 마음을 더 잘 아는 것 같다. 어떤 날은 다정하게 위로해 주고, 또 어떤 날은 이제 그만 징징대라며 따끔하게 일침을 놓는다. 책은 감정 코치이자 정신 단련 스승이다. 편안한 책만 읽으면 마음이 느슨해지고 같은 자리에서 맴돌지만, 불편한 책은 머리가 지끈거리더라도 결국 한 단계 성장하게 만든다. 책은 사람 공부에도 탁월하다. 삶의 대부분은 사람과 얽힌 문제이고, 사람을 이해한다는 것은 곧 자신을 이해하는 일이다. 타인을 배우게 하고, 타인을 자기처럼 바라보게 한다. 물론 책이 모든 문제를 해결해 주진 않는다. 하지만 생각하는 힘을 준다. 질문을 멈추지 않는 사람은 계속 배우고, 움직이며, 성장한다. 독서란 결국 생활 속 문제를 해결하기 위한 도구다. 그렇게 문제의식을 가지고 읽는 방식을 문제 해결형 독서라고 부른다. 다산 정약용의 독서가 그 좋은 예다.

  "다산 정약용(1762~1836)은 **훌륭한 독서를 위해서는 책을 읽기 전에 먼저 자기의 문제의식 내지 주견을 확실히 정해야 한다**고

하였다."　　　　　　　- 『한국의 독서문화사』, 남태우, 김중권, 태일사

  어떤 책을 읽고 있는지 보면, 그 사람이 어떤 삶을 살고 있는지도 보인다. 미래가 불안할 때는 미래를 다룬 책에 손이 가고, 마음이 지칠 때는 관계와 감정을 다룬 책에 눈이 간다. 건강이 걱정되면 건강 서적을 펼친다. 선택한 책이 곧 마음의 거울이다. 책을 읽는다는 것은 결국 살아보는 연습일지도 모른다. 다양한 인생을 미리 경험하고, 실패와 실수도 덜 아프게 배운다. 그래서 더 많이 시도할 수 있고, 더 넓게 느낄 수 있다. 책을 읽는다는 것은 자신을 다시 써 내려가는 일이다. 새로운 문장을 삶에 더하는 것, 그것이 쌓이면 어제와는 다른 오늘을 살게 된다. 오늘도 책장을 넘긴다. 어쩌면 그 안의 한 문장이 내일의 마음을 바꿔놓을지도 모른다.

2.
마음의 페이지를 채우다

"한 인간의 존재를 결정짓는 것은 그가 읽은 책과 그가 쓴 글이다."
- 도스토옙스키

책은 감정을 다스리는 법을 안다

책에서 가장 큰 도움을 받은 것은 감정 조절이다. 마음이 잔잔할 때의 독서는 스펀지가 물을 머금듯 부드럽게 스며든다. 하지만 화가 나거나 분노를 참기 힘들 때는 마음을 어떻게 다스려야 할지 막막하다. 감정은 생각의 방향을 따라 흐른다. 어떤 생각을 선택하느냐에 따라 감정의 물꼬가 달라진다. 이제는 예전만큼 부정적인 에너지가 넘치지는 않지만, 여전히 감정을 다잡아야 하는 순간은 찾아온다. 부정적인 감정은 가능한 한 빨리 비워내는 것이 좋다. 그렇지 않으면 마음속에서 곪아 결국 자신을 괴롭히게 된다.

우울한 기분이 들고 감정이 파도처럼 요동칠 때는 판단력도 함께 흐려진다. 기분이 좋을 때 명확했던 생각이, 기분이 나쁘면 쉽게 흐려진다. 그럴 땐 생각의 방향을 살짝 바꾸는 것으로도 도움이 된다. 책을 읽으면 사고의 흐름이 자연스럽게 전환된다. 책 속에 몰입하다 보면 문제를 다른 각도에서 바라보게 된다. 의식적으로 생각을 다른 곳으로 옮길 수 있는 힘, 그것이 바로 독서의 치유력이다.

"우리의 기분은 어떻게, 그리고 무엇을 생각하느냐에 직접적인 영향을 미친다." - 『퓨처마인드』, 리처드 왓슨, 청림출판사

휴식을 취하거나 생각을 다른 곳으로 돌리면, 막혀 있던 생각이 조금씩 풀린다. 의식적으로 관심을 다른 방향으로 옮기는 것만으로도 도움이 된다. 생각이 멈출 때는 억지로 밀어붙이기보다, 멈추게 한 장애물이 사라질 때까지 잠시 기다리거나 다른 길로 우회하는 편이 좋다. 책은 그 방법을 조용히 알려준다. 처음에는 화가 치밀어 오를 것 같지만, 글을 읽다 보면 분노가 서서히 가라앉는다. 어느 순간 화난 자신이 부끄럽게 느껴지기도 한다. 부정적인 감정을 비워내면 그 자리에 긍정적인 생각이 스며든다. 내가 좀 심했나 하고 스스

로를 돌아보게 된다. 책은 꾸짖지 않는다. 다만 지혜를 전하며 방향을 제시한다. 감정을 비우고 채울 때, 마음은 훨씬 풍성해진다. 우리는 가슴이 답답하고 바쁘다는 이유로 책 읽기를 자주 미루지만, 그럴 때일수록 책을 펼치면 마음은 오히려 편안해지고 여유로워진다.

> "어떤 사람은, '가슴이 답답한 사람은 책을 읽을 수 없는 게 근심'이라 한다… 책을 한 번 읽는 게 차 한 잔 마시는 것보다 나은데도, 요즘 사람들은 이런 맛을 잘 모른다."
>
> - 『일득록(정조대왕어록)』, 정조, 문자향

책을 읽는다는 것은 다른 삶을 내 안에 들이는 일이다. 겪어보지 못한 세상, 만나지 못한 사람, 감당하지 못했던 감정을 조용히 받아들인다. 페이지를 넘길수록 마음속에는 무언가가 천천히 차오른다. 누군가의 문장 하나가 생각의 방향을 바꾸고, 무심히 지나쳤던 감정을 붙잡는다. 그 문장들이 쌓이면 말투와 시선, 행동에 자연스레 스며든다. 마음속을 떠돌던 단상은 글로 꺼내는 순간 윤곽을 얻는다. 왜 그 장면이 유독 마음에 남았는지, 어떤 문장에서 마음이 흔들렸는지 묻고 대답하다 보면, 뒤엉킨 생각이 흐름을 얻고, 막혀 있던 마음이 조금씩 풀린다.

글로 마음을 꺼내다

책을 덮고 나면 여운이 쉽게 가시지 않을 때가 있다. 그럴 때는 조용히 마음을 정리해 본다. 마음을 움직인 내용을 글로 옮겨 적는다. 서툴러도 괜찮다. 누군가에게 공유하기도 하고, 혼자 조용히 써 내려가기도 한다. 그러다 보면 허전함이 사라지고 마음은 고요해진다. 글이 말없이 이야기를 들어주는 것 같아 외롭지 않다. 책을 읽다 보면 문장 하나에 마음이 덜컥 내려앉는 순간이 있다. 그 문장을 따라 자신의 삶을 떠올리며, 왜 그곳에서 멈췄는지 깨닫는다. 머릿속과 마음이 동시에 정리되는 순간이다. 흘려보냈을 감정을 글로 꺼내면 마음이 선명하게 드러난다. 그렇게 써 내려간 글은 자신을 위로하는 기록이 된다. 글을 쓴다는 것은 스스로를 돌보는 시간이다. 잘 쓰려고 애쓸 필요도 없다. 머릿속에서만 맴돌던 생각을 시각화하면 육체적으로도, 정서적으로도, 그리고 정신적으로도 한결 가벼워진다.

"자기 자신에게 관심을 갖고 스스로의 감정과 정면으로 마주할 수 있는 가장 기본적인 방법은 글쓰기다. 글쓰기는 무너진 마음을 회복시키고 앞으로 나아가기 위한 힘과 용기를 준다."

- 『나를 위로하는 글쓰기』, 셰퍼드 코미나스, 홍익출판사

읽고 쓰며 마음을 채우다

책은 세상을 품게 하고, 글은 세상을 꺼내게 만든다. 책은 타인의 시선으로 세상을 바라보게 하고, 글은 자신의 감정을 들여다보는 시간이다. 그 반복 속에서 사람은 단단해지고 동시에 유연해진다. 세상이 어지러울수록 우리는 읽고 쓰며 자신을 지킨다. 살다 보면 마음이 텅 비는 순간이 있다. 출근하고 퇴근하며 사람들 틈에 치이다 보면 나라는 존재가 점점 희미해지는 것 같다. 그럴 땐 채워야 한다. 읽고 쓰는 일은 조용하지만 놀라울 만큼 강하다. 책을 통해 나만 힘든 게 아니구나 하고 위로받고, 이 정도면 나도 괜찮네 하며 안심한다. 책은 신기하다. 분명 남의 이야기인데 읽다 보면 어느새 내 이야기 같다. 작가가 다 못한 이야기가 내 마음에서 완성되는 느낌이다. 책은 결국 마음을 비추는 거울이다. 그 안에서 우리는 자신을 다시 본다.

그래서일까. 읽다 보면 자연스레 쓰고 싶어진다. 마음에 남은 문장, 떠오른 생각, 묻혀 있던 감정이 슬며시 말을 건

다. 잘 써야 한다는 부담도, 누군가 읽을 거라는 기대도 없다. 그냥 나를 위한 글일 뿐이다. 대단한 글이 아니라, 그저 가볍게 끄적거리는 마음이다. 하루의 일상이나 스친 생각을 적고 나면 이상하게도 마음이 편해진다. 글은 단순한 마음 정리를 넘어, 감정을 분리수거하는 일이다.

글을 쓴다는 것은 기술보다 태도에 가깝다. 자신을 돌아보고 정리하며 비워내는 시간이다. 흔히 내 삶을 책으로 엮으면 몇 권은 나오겠다고 말하듯, 글쓰기는 일상을 돌아보며 자신을 찾아가는 과정이기도 하다. 짧게는 하루를, 길게는 인생 전체를 돌아보는 시간이다. 그 속에서 우리는 치유와 용서의 순간을 맞이한다. 그것이 바로 글쓰기의 힘이다. 글쓰기는 책 읽기처럼 자유롭다. 마음이 이끄는 대로 적어 내려가면 된다. 잘 쓰려 애쓰기보다, 삶의 여정을 진솔하게 담아내는 것으로도 충분하다.

글쓰기에 자신이 없다면, 글쓰기 관련 책을 읽어보는 것도 좋다. 읽기든 쓰기든 새로운 길을 배우고 싶을 때는, 책이 가장 빠른 스승이다. 전문가의 경험과 조언을 통해 자신만의 리듬을 찾게 된다. 글쓰기 책을 읽다 보면 자연스럽게 자신감이 생긴다. 나도 한번 써볼까 하는 마음이 피어나고, 조심스럽게 자신만의 문장을 써 내려가고 싶어진다.

> "당장 도서관이나 서점으로 달려가라. 수천 가지의 모험과 친구들이 기다리고 있다. 자서전을 쓰려는 사람은 당분간 다른 분야를 잊고 자서전만 읽은 것이 좋다."
>
> - 『인생을 쓰는 법』, 나탈리 골드버그, 페가수스

읽고 쓰는 일은 어디서든 할 수 있다. 카페에서도, 지하철에서도, 심지어 화장실에서도 가능하다. 조용히 혼자 있어도 심심하지 않고, 바쁜 하루 속에서도 마음 한편이 덜 헝클어진다. 스마트폰 메모 앱과 작은 책 한 권만 있으면 어디서든 자신을 채울 수 있다. 읽으면 생각이 되고, 쓰면 문장이 된다. 이제 읽고 쓰는 일은 선택이 아니라, 삶의 기본이 되었다. 화려하지는 않지만 오래 간다. 쉽게 질리지 않고, 매일을 다르게 채워준다.

책으로 타인의 세상을 구경하고, 글로 마음을 정리하면 어느새 괜찮은 사람이 되어 있다. 눈에 보이지 않아도 분명 그렇다. 공허한 날도, 텅 빈 기분이 들 때도 누군가의 글을 읽

어보고, 자기만의 문장을 한 줄 써보자. 잘 쓰지 않아도 괜찮다. 매일 조금씩, 읽고 쓰며 채우는 삶은 생각보다 꽤 괜찮다. 다른 누구도 아닌, 자신을 다정하게 채우는 일이기 때문이다.

글을 나누며 단단해진다

글 나눔을 좋아한다. 책 속 글귀나 명언을 중심으로, 마음에 남는 구절을 공유하거나 북 리뷰를 쓴다. 글을 나누는 일에는 나름의 보람이 있다. 잘 읽었다는 말, 힘든 날이었는데 덕분에 위로받았다는 한마디가 생각보다 큰 기쁨을 준다. 글을 나누며 단단해지고, 솔직하게 쓰는 연습도 된다. 자기만 아는 이야기가 모두의 공감을 얻는 이야기로 자라면서, 글과 함께 나도 조금씩 성장한다.

책을 읽는다는 것은 누군가의 마음을 빌려 자신을 들여다보는 일이다. 글을 쓴다는 것은 마음을 꺼내 바람에 말리는 일과 같다. 책으로 세상을 채우고, 글로 마음을 비운다. 읽을 때는 이런 생각도 있구나 하며 배우고, 쓸 때는 나는 이렇게 느끼고 있었구나 하며 확인한다. 독서를 취미라 하고, 글쓰기를 기록이라 부르지만 둘 다 마음을 정리하는 방법이다.

마음이 지치거나 허전한 날에는 조용히 책 한 권을 펼치고, 글 한 줄을 적는다. 책이 말을 걸면 글로 답한다. 그 조용한 대화가 자신을 조금 더 괜찮은 사람으로 만들어 준다.

3.

문장에 기대어 버틴다

"과거의 문장들은 비록 오래된 것들이기는 하지만 그것의 무궁무진한 의미들을 체득하게 되면 나날이 새로운 것을 계발할 수 있을 것이다."
- 「문심조룡」

글에 기대어 앉다

경제적으로 힘들던 시절, 책을 읽기 시작했다. 돈도, 체력도, 감정도 바닥을 치던 때였다. 배가 고픈 건 참을 수 있었지만, 마음이 곯는 것은 더 견디기 힘들었다. 도서관에서 빌린 책을 쌓아두고 하나씩 읽어 나갔다. 거창한 독서는 아니었지만, 마음이 허기질수록 문장은 맛있었다. 관계가 힘들수록 글은 깊은 위로가 되었다. 그 시절 먼저 쓰러지는 것은 몸이 아니라 마음이었다. 사람들 앞에서는 웃었지만, 사실은 괜찮지 않았다. 그때 글에 기대어 앉았다. 글이 나를 붙잡아주는 버팀목이 되었다.

 네 잘못이 아니야. 뻔한 문장이었지만, 이상하게 마음이 따뜻해졌다. 말은 다그칠 수 있지만, 문장은 조용히 곁에 있어 준다. 때로 문장은 감정을 툭 건드리고, 모호했던 마음을 정확히 짚어준다. 마음을 먼저 알아봐 준 것은 결국 글이었다. 읽고 쓰고 살아내는 과정 속에서, 조금씩 마음이 채워지고, 스스로를 다독일 수 있었다.

한 줄이 마음을 건넨다

 사람들은 위로한다고 하지만 정작 조언을 먼저 건넨다. 너보다 더 힘든 사람도 많아. 이 말은 이상하게도, 별로 힘들지 않은 사람이 하는 말처럼 들렸다. 그럴 때 사람 대신 글을 찾는다. 글은 묻지 않고, 따지지 않는다. 조용히 거기에 있을 뿐이다. 문장 하나가 마음의 온도를 천천히 데워준다.

 어느 날, 남편이 툭 던진 말에 서운함과 화가 밀려왔다. 억울한 마음을 안고 도서관으로 향했다. 부부 관계에 관한 책 몇 권을 꺼내 읽었다. 한 문장에서 눈길이 멈췄다. 당신 탓이라는 말에는 이 일을 당신이 맡아줬으면 좋겠다는 뜻이 숨어 있었다. 상처받았지만, 그 속뜻을 이해하자 감정이 누그러졌다. 또 다른 문장은, 화가 나서 입을 다물었던 침묵이 문제였을 수도 있다고 알려주었다. 글 한 줄이 자신을 돌아보게 하고, 반성할 기회를 준다.

마음이 허기질 때, 글 한 줄이 손을 내민다. 배고픔은 밥으로, 마음의 고픔은 문장으로 채운다. 한 줄이면 충분할 때도 있다. 그 한 줄이 마음을 부드럽게 하고 따뜻하게 만들어준다. 책을 많이 읽어도 감동과 울림을 쉽게 만나지 못할 때가 있다. 하지만 딱 필요한 한 줄이면, 스르르 감정이 치유되기도 한다. 쉽게 오지 않기에, 그 한 줄은 더 소중하다.

살다 보면 관계에서 벗어날 수 없다. 타인과의 관계도 어렵지만, 가장 깊은 상처는 대개 가까운 가족에게서 비롯된다. 그럴수록 책은 위로와 용서, 그리고 이해의 시간을 선물한다. 진심으로 책에 질문하면, 책은 언제나 답해준다. 한 줄의 울림을 만난 후, 마음이 한 뼘 자라는 성장의 순간을 경험하게 된다.

"그 모든 가족이 어떤 표정을 짓고 있든 모든 것은 내가 나 자신을 어떻게 받아들이고, 변화하고, 노력하는가에 따라 얼마든지 달라질 수 있습니다." - 『가족 공부』, 최광현, EBS한국교육방송공사

경험이 문장이 된다

가만히 있어도 시간은 흐른다. 특별한 일이 있었던 것도 아니다. 사는 대로 살고, 일하는 대로 일한다. 웃는 날도 있고, 울컥한 날도 있다. 그렇게 별일 아닌 하루가 쌓이다 보면, 어느새 인생의 한 챕터가 넘어가 있다. 시간을 바꾸는 것은 시간이 아니다. 경험이다. 어떤 날은 좌절하고, 어떤 날은 사소한 기쁨이 있다. 흘러가는 날들 속에서 생각이 쌓이고, 때로 깨닫는다. 생각은 책상 앞에 오래 앉아 있다고 생기지 않는다. 오히려 몸을 움직일 때, 산책을 하거나 청소를 하거나 설거지를 하거나, 우연히 들은 말 한마디 속에서 문장이 떠오르곤 한다. 삶을 통과하며 모인 감정이 글이 된다. 감정은 삶 속에서 자연스럽게 드러나지만, 삶이 고통스러울 때는 오히려 그것을 지우려 애쓴다. 하지만 그마저도 글로 스며든다. 아무런 감정이 없다는 건, 마음이 마비된 상태다. 고통조차 느낄 수 없다면, 살아 있다고 말할 수 없을 것이다. 고통은 또 하나의 경험이 되고, 그 경험이 문장이 되어 삶의 온기

를 남긴다.

"인생에서 가장 중요한 것은 행복이 아니라 살아 있는 것이다. 고통은 인생의 최악이 아니다. 최악은 무관심이다. 고통스러울 때는 그 원인을 없애려 노력할 수 있다."

- 『우리는 여전히 삶을 사랑하는가』, 에리히 프롬, 김영사

4.

완벽하지 않아도
글은 이어진다

"셰익스피어에 필적할 책을 쓸 수는 없으나, 나다운 책 한 권은 쓸 수 있다."　　　　　　　　　　　　　　　　　　　　　-월터 롤리

글이 막혔던 날들, 마음이 방해였다

책 한 권이 나왔을 뿐인데, 세상이 달라 보였다. 2017년 『일일일책』이 처음 세상에 나왔다. 생각보다 많은 독자가 읽어주었고, 예상보다 따뜻한 반응을 받았다. 나보다 책이 더 열심히 일하는 듯했다. 누군가는 응원해 주었고, 누군가는 팬레터를 보내 주었다. 말로 다 표현하기 어려운 기쁨이었다. 하지만 그 기쁨은 곧 부담으로 바뀌었다. '두 번째 책은 더 잘 써야 하지 않을까.' 첫 책의 기쁨이 다음 책을 가로막는 벽이 된 것이다.

괜히 더 잘해야 할 것만 같았다. 첫 책이 사랑받았다는 기억은 계속 비교를 불러왔다. 지금 쓰는 글이 첫 책보다 나은가, 이 문장은 더 좋은가, 그런 생각이 머릿속을 가득 채웠다. 글을 쓰기 시작하면 마음이 따라 나와야 하는데, 머리가 앞서 달렸다. 문장은 말처럼 흘러나오지 않았고, 글은 자꾸 막혔다. 그냥 안 쓰는 게 낫겠다며 노트북을 덮은 날이 몇 해 이어졌다. 그때 깨달았다. 잘 쓰고 싶다는 마음이 오히려 글을 막고 있었다.

잘 쓰지 않아도 괜찮아

글은 마음이 편할 때 비로소 나온다는 것을 알게 되었다. 잘 써야 한다는 생각을 내려놓으니 마음이 한결 가벼워졌다. 글은 자신을 돌아보는 기회다. 묵묵히 지낸 일상의 경험을 담아내면 그것만으로도 글이 된다. 억지로 감동을 만들 필요는 없다. 진심이면 충분하다. 글은 참 신기하다. 마음이 조금만 엉켜 있어도 문장이 꼬인다. 말은 숨길 수 있어도 글은 마음을 그대로 비춘다. 그래서 글을 쓰기 전에 언제나 자신부터 다듬어야 한다. 예쁘게 쓰기보다 솔직하게 쓰는 것이 어렵지만, 그게 진짜 글이다. 돌이켜보면 망설였던 건 글 때문이 아니라 마음 때문이었다. 누군가를 감동시켜야 한다는 부담, 기대에 부응해야 한다는 강박이 글을 막고 있었다.

 말은 흘러가지만 글은 남는다. 그래서 글을 쓸 때는 더욱 솔직해지고 싶어진다. 가볍게 던질 수 없기에, 조심스럽게 진심을 담게 된다. 글을 쓰면 마음속 먼지가 가라앉고, 복잡한 감정이 문장으로 또렷해진다. 쓰는 동안 생각이 정리되고, 다 쓰고 나면 마음이 조금 가벼워진다.

 일상이 쌓이고 경험이 축적되면 글이 되고, 글은 책이 된다. 책 한 권이 대단해서가 아니라, 그 안에 담긴 시간과 감정이 한 사람의 역사를 보여주기 때문이다. 거창한 이야기를 쓰는 것이 아니라, 살아낸 경험과 생각을 꺼내는 것뿐이다. 글이 누군가의 공감을 얻을 때, 비로소 책이 된다. 책은 흘러간 시간에 대한 고백이자, 앞으로 나아가기 위한 마음 정리다. 세월이 사람을 바꾸듯, 글도 누군가의 마음에 조용한 흔들림이 되길 바란다.

책은 저자보다 오래 산다

 한 번 세상에 나온 책은 스스로 걸어 다닌다. 저자가 가만히 있어도, 책은 누군가의 카페 테이블 위에 놓이고 지하철

가방 속을 오간다. 때로는 저자조차 잊은 문장을 어떤 독자가 기억하고 있다. 이 문장, 진짜 위로받았어요. 그 말에 새삼 놀란다. 책은 저자보다 기억력이 좋고, 성실하며, 오래 산다. 저자는 흘러가도 문장은 남는다. 감정이 지나간 자리에도 글은 여전히 그 자리에 앉아 있다.

친구가 말했다. 책을 보니까 네가 보이더라. 책은 저자의 또 다른 얼굴이다. 사람 앞에서는 다 말하지 못한 이야기도, 책 안에는 담겨 있다. 혼자 흘린 눈물도, 눈치 볼까 숨겼던 감정도 그 안에서 솔직하게 살아 있다. 책을 쓰고 나면 투명해지고, 숨길 것이 줄어들며, 이해받는 기분이 든다.

시간이 지난 일기장을 펼치면 그 시절이 그대로 있다. 어떤 고민을 했는지, 어떤 단어를 골랐는지, 어떤 마음으로 문장을 꿰었는지가 고스란히 담겨 있다. 글은 자신을 돌아보게 한다. 그때도 잘 버텼구나. 지금은 이렇게 달라졌구나. 글은 단순한 기록이 아니다. 시간과 감정, 솔직함과 흔들림을 조용히 남기는 일이다. 글은 마음에서 나왔지만, 결국 다시 자신을 품는다.

글은 안에 있었다

 글을 쓰지 않던 시간이 점처럼 흩어져 있다. 짧은 메모조차 버거웠던 날도 있었고, 생각이 막혀 한 문장도 이어지지 않던 날도 있었다. 그러다 문득, 다시 삶을 기록하고 싶다는 마음이 일었다. 하지만 막상 쓰려니 손끝이 낯설었다. 단어가 둔해졌고, 감정도 어색했다. 리듬을 잊은 사람처럼 머뭇거렸다. 이제는 글을 못 쓰는 사람이 된 걸까. 그 생각이 스쳤지만, 곧 알게 되었다. 글은 여전히 내 안에 있었다. 다만 바쁜 일상과 생활의 무게 속에 잠시 밀려났을 뿐이었다. 글을 다시 쓰려면 먼저 자신과 연결되는 연습이 필요하다. 그날의 일, 스쳐 간 감정, 작은 생각 하나가 글의 시작점이 된다. 글쓰기에 불을 지펴주는 책을 펼치면, 지금 바로라도 쓸 수 있을 것 같은 마음이 든다.

> "글을 쓸 때는 쓰기만 하라. 열등감과 자책감으로 중무장한 채 자신을 학대하는 싸움은 하지 말라. 밑도 끝도 없는 죄의식과 두려움, 무력감에 사로잡혀 있는 것은 쓸데없는 시간 낭비다."
>
> - 『뼛속까지 내려가서 써라』, 나탈리 골드버그, 한문화

글쓰기는 원래 잘하는 것이 아니라 익숙해지는 일이다. 쓰지 않던 손은 굳지만, 다시 펜을 잡으면 기억은 되살아난다. 문장은 기다렸다는 듯 자연스럽게 흘러나온다. 글을 통해 조용히 자신을 들여다볼 용기만 있다면, 묵혀두었던 이야기를 꺼낼 수 있다. 글쓰기는 결국 자신을 마주하고 이해하는 과정이다.

5.

책과 글로
다시 일어나다

"독서는 해박한 사람을 만들고, 대화는 현명한 사람을 만들고, 필기는 정확한 사람을 만든다." - 프랜시스 베이컨

책과 글, 삶의 동반자

아침이 되면 하루가 시작된다. 택배 상자를 하나하나 나르면서도 머릿속에는 어떤 책을 읽을까 하는 생각을 한다. 도서관에 가는 날이면, 새로운 책을 만난다는 설렘이 있다. 무거운 상자를 나르면서도 마음은 가볍다. 책은 취미가 아니라, 삶의 동반자다. 책과 글은 단순한 즐거움을 넘어, 살아가는 원동력이다.

일을 마치고 책을 펼치는 일은 자연스럽다. 책을 읽는 것은 밥을 먹는 것처럼 당연하고, 글을 쓰는 것은 집을 정리하

듯 마음을 단정히 하는 일이다. 지치고 힘든 감정도 책과 글을 통해 새로운 시각으로 바뀐다. 읽고 쓰는 일이 일상에 스며들면, 삶은 어느새 풍요로워진다. 일터에서도 마음 한편에 책이 있기에 버틸 수 있다. 책과 글은 반복되는 하루 속에서도 삶을 새롭게 만들어내는 힘이다.

삶을 지탱하는 세 기둥

책, 글, 일은 삶을 지탱하는 세 기둥이다. 책으로 생각을 열고, 글로 감정을 정리하며, 일로 생활을 책임진다. 세 가지가 서로 도우며 균형 있는 삶을 만든다. 때로는 한 가지에만 몰두하는 날도 있다. 책만 읽거나, 글만 쓰거나, 일로 하루가 가득 찰 때도 있다. 그래도 불안하지 않다. 글을 쓰지 못한 날에는 책 한 줄이 위로가 되고, 책을 읽지 못한 날에는 일 속에서 떠오른 생각이 나중에 글로 흘러나온다.

균형은 똑같이 나누는 것이 아니다. 한쪽이 기울면 다른 쪽이 자연스럽게 받쳐준다. 오늘 글을 쓰지 못했다고 불안해하지 않고, 오늘 책을 읽지 못했다고 자책하지 않는다. 내일 다시 책장을 넘기고, 다음에 키보드를 두드리면 된다. 일하면서 책을 떠올리고, 책을 읽으면 일의 의미가 달라지기도 한다. 글을 쓰다 보면 몸을 움직이던 순간이 떠오른다. 택배 일은 몸을 쓰는 일이고, 책과 글은 마음을 쓰는 일이다. 몸과 마음이 함께 움직이게 해주는 것, 그것이 세 가지 힘이다.

연결된 하루가 마음을 채운다

일상은 혼자만 잘한다고 해결되지 않는다. 누군가의 노력이 나에게 힘이 되고, 나의 노력도 누군가에게 도움이 된다. 책도 혼자 읽는 것 같지만, 수많은 사람의 경험과 지혜를 받아들이는 일이다. 글도 누군가에게 닿을 가능성을 품는다. 삶은 결국 서로 연결되어 있다. 택배를 전하는 손길, 책장을 넘기는 시간, 키보드를 두드리는 순간, 모두 누군가와 이어져 있다.

책과 글, 일. 이 세 가지가 삶에 있다는 사실이 고맙다. 책 덕분에 마음이 놓이고, 글 덕분에 감정이 흘러나오며, 일 덕분에 자신을 붙들 수 있다. 하나의 순간들은 작지만, 모이면 결국 삶이 된다. 오늘도 진지하게 책을 읽고, 유쾌하게 글을 쓰며, 성실하게 일한다. 그것이 자신을 지키고, 세상과 연결되는 따뜻한 방식이다.

6.

화려해도 괜찮아

"모든 사람은 다이아몬드 원석과 같다. 갈고닦으면 누구나 찬란히 빛난다."
- 토마스 에디슨

조용한 삶도 충분히 빛난다

나는 조용한 사람이다. 튀지 않고, 눈에 띄지 않게 살아간다. 박수보다 뒷정리에 익숙하고, 무대보다 무대 뒤가 편하다. 남들 앞에 나서는 일은 어색하고, 잘한다는 말도 괜히 쑥스럽다. 그저 묵묵히 자리를 지킨다. 화려하지 않아도 괜찮다. 누가 보지 않아도 하루를 성실히 버텨낸다. 그러다 문득 깨달았다. 이렇게 버티며 살아온 나도 꽤 괜찮은 사람일지도 모른다. 거창하지 않아도 충분했다. 조용한 기쁨, 소소한 만족, 아무도 모르게 웃은 날만으로도 삶은 빛나고 있었다. 그런 시절이 있었기에, 지금의 삶을 사랑하게 되었다.

삶은 가끔 반짝인다

삶은 가끔 예고 없이 반짝인다. 『일일일책』을 통해 위로가 되었다는 편지와 공감한다는 댓글을 받을 때마다 가슴이 찡했다. 그 순간, 괜찮게 살고 있다는 생각과 함께 마음이 반짝였다. 처음에는 어색한 빛이었다. 누군가에게 소개되고 방송에 나올 때면 '이게 나일까' 싶었다. 스스로를 나답지 않다고 가두기도 했다. 하지만 돌아보면, 그것은 버텨낸 시간의 선물이었다. 빛나는 것은 잘못이 아니다. 잘 살아왔다는 증거다. 이제는 조금 빛나도 괜찮은 나이가 되었다.

예전에는 화려함이 특별한 사람만의 몫이라고 생각했다. 그러나 살다 보면 누구에게나 조명이 켜지는 순간이 온다. 화려함은 거짓된 무대가 아니라, 오랜 시간 다듬어온 진심의 결과다. 버틴 날, 울고 웃던 순간들이 모여 만들어낸 반짝임이다. 삶을 재미있고 단단하게 만드는 빛, 그것이 바로 진짜 화려함이다.

견뎌낸 시간이 빛난다

이제는 화려하지 않아도 괜찮고, 화려해도 괜찮다. 조용한 날과 반짝이는 날, 모두 인생의 일부이기 때문이다. 우리는 그사이를 오가며 성장했고, 여전히 성장 중이다. 화려함을 욕심내지 않지만, 찾아온 반짝임을 외면하지도 않는다. 조용할 때도, 빛날 때도 있다. 두 얼굴 모두 자신이다. 이 반짝임은 허세가 아니라, 견뎌낸 시간이 만든 빛이다.

무대 위의 삶만이 멋진 것은 아니다. 조명은 잠깐일 뿐, 대부분의 시간은 커튼 뒤에서 흘러간다. 누군가 알아주지 않아도 우리는 각자의 무대에서 충분히 주인공이다. 반짝이는 조명보다, 조명이 꺼진 후 어두운 무대에서 천천히 걸어 나오는 사람의 뒷모습이 더 멋지다. 화려해도 괜찮다. 화려한 자신이 되기까지는 오랜 시간이 걸렸다. 괜찮지 않은 시절을 견뎠기에, 괜찮은 오늘을 맞이할 수 있다. 화려함은 거창한 것이 아니다. 글을 쓰는 손끝에도, 누군가를 웃게 한 한마디에도, 바쁘게 돌아다닌 택배일 속에도 반짝임은 있다.

여전히 조용한 걸 좋아하고 소소한 일상이 익숙하지만 가끔은 화려해도 괜찮다. 그것은 인생이 보내는 작은 응원일지도 모른다. 당신은 화려하지 않아도, 화려해도 괜찮다. 이 책을 덮는 지금, 마음속 어딘가에서 작고 반짝이는 나의 한 조각이 떠오른다면, 조용히 말해보자. 그래, 나도 참 잘 살아왔구나. 그 문장이 새로운 시작이 되길 바란다. 그리고 가끔은 화려하게 반짝여도 좋다. 지금의 당신을 만들어낸 빛이라면, 그것은 진짜니까.

나가는 글

"오늘도 장갑을
끌어 올리며"

평범한 주부가 써 내려간, 평범한 일상의 이야기다. 우리는 하루 속에서 삶의 의미를 찾고, 같은 시대를 살아가며 공감하고 위로한다. 이 글이 그런 마음을 담은 기록이 되길 바란다. 누군가의 이야기를 읽으며 자신의 삶을 돌아볼 수 있다면, 그것만으로도 충분한 의미가 있다. 일상의 작은 조각이 모여 하루가 되고, 하루가 쌓여 인생의 방향을 만든다. 지금 이 순간을 소홀히 할 수 없는 이유다. 삶은 빠르게 흘러가지만, 하루는 더디다. 그 더딘 하루를 기꺼이 살아내고, 축적된 경험을 글로 풀어내는 일은 크고 특별한 기쁨이 된다.

택배 일을 하며 남편과 사소한 다툼도 있었다. 감정이 상해 그만두고 싶을 때도 있었지만, 혼자 힘들어하는 모습을 보면 다시 짐을 나눠 들었다. 그렇게 3년을 함께 버텼고, 힘든 시간을 나누며 서로에 대한 이해의 폭도 넓어졌다. 가까운 사이일수록 존중과 배려, 그리고 사랑이 필요하다는 걸 배웠다. 중년이 되면 부부의 관계도 다시 정리가 필요하다. 아이들은 성인이 되어 떠나고, 빈 둥지의 시간이 찾아온다. 마음이 공허할수록 부부 사이를 단단히 돌아보고, 동시에 자신을 채우는 일이 필요하다.

택배차에 물건이 가득할 때면 늘 생각한다. '이 많은 걸 언제 다 배달하지.' 그럴 때 나를 지탱해 준 방법은 단순했다. 지금 이 순간, 눈앞의 한 상자에만 집중하는 것이다. 하나에 집중하다 보면 가득 찼던 차는 어느새 텅 비어 있다. 삶도 마찬가지다. 전체를 짐처럼 바라보지 말고, 오늘에 집중하는 것. 그것이 삶을 가볍고 여유롭게 대하는 태도다.

마지막으로 고마움을 전하고 싶다. 무거운 짐을 묵묵히 함께해 준 손수레, 너 없었으면 나 끝장이었다. 고맙다. 더위와 추위, 비와 눈 속에서도 늘 딸을 걱정해 주신 엄마, 감사합니다. 삶의 모든 순간이 엄마 덕분입니다. 사랑합니다. 오른팔 같은 남편 전현성, 왼팔 같은 아들 전민기, 사랑한다. 글이 책으로 세상에 나올 수 있도록 함께해주신 미다스북스 출판사에 깊은 감사를 전합니다.

오늘도 장갑을 단단히 끌어 올리며, 다시 하루를 살아낸다.